陪孩子玩到入园

蒙台梭利早教游戏训练

 李静 著

古吴轩出版社

图书在版编目（CIP）数据

陪孩子玩到入园：蒙台梭利早教游戏训练 / 李静著
. -- 苏州：古吴轩出版社，2021.8（2023.2重印）
ISBN 978-7-5546-1784-7

Ⅰ．①陪… Ⅱ．①李… Ⅲ．①智力游戏—学前教育—
教学参考资料 Ⅳ．①G613.7

中国版本图书馆CIP数据核字（2021）第149132号

责任编辑：俞　都
见习编辑：唐孟阳
策　　划：徐红有　王应美
特约编辑：吴海燕
装帧设计：季晨设计工作室

书　　名：陪孩子玩到入园：蒙台梭利早教游戏训练
著　　者：李静
出版发行：古吴轩出版社
　　　　　地址：苏州市八达街118号苏州新闻大厦30F
　　　　　电话：0512-65233679　　　邮编：215123
印　　刷：唐山市铭诚印刷有限公司
开　　本：880×1230　　　1/32
印　　张：5
字　　数：113千字
版　　次：2021年8月第1版
印　　次：2023年2月第2次印刷
书　　号：ISBN 978-7-5546-1784-7
定　　价：42.00元

如有印装质量问题，请与印刷厂联系。022-69236860

前言

玛利亚·蒙台梭利说："孩子天生就能改进他们的行为，而且他们也喜欢这样。心理学家说，孩子必须游戏，因为借助游戏，孩子的发展才能更趋完善。孩子越能够专心，就越能从工作中得到平静，就越能发自内心地守纪律或规则。"可见，游戏对孩子的成长具有重要意义。

玛利亚·蒙台梭利是蒙台梭利教育法的创始人、意大利幼儿教育家、意大利第一位学医的女性和女医学博士，由她所创立的蒙氏早期教育是以儿童为中心，以培养儿童健全的人格为目标的一种教育模式。蒙氏早期教育涉及感官教育、语言教育、数学教育、科学文化教育以及日常生活教育。

关于感官教育，蒙台梭利认为，感官训练既是为儿童将来的实际生活做准备，也是为儿童接受知识和发展智力奠定基础。蒙氏感官教育包括对幼儿的视觉、听觉、触觉、手眼协调能力、观察能力、辨别能力、注意力等各项能力的训练。

关于语言教育，蒙台梭利认为，语言是一种人类自发的创造，语言的发展遵循一定的规律，在人生的某一时期会达到某种程度。她指出，婴儿从开始注视大人说话的嘴形，发出咿呀学语的声音时，就开启了语言敏感期。蒙氏语言教育涵盖幼儿听、说、读、写等各项语言能力的训练。

关于数学教育，蒙氏早期教育更是通过系统、通用的方法将抽象、枯燥、难以理解的数学知识具体化、趣味化、形象化，以帮助幼儿更好地建立数学思维。

关于科学文化教育，蒙台梭利认为孩子是离不开文化的，科学是文化的一部分。科学文化教育可以培养孩子的好奇心、求知欲，帮助孩子掌握认识事物的方法，让孩子接触世界、认识世界、热爱世界，进而激发孩子主动探索世界的好奇心，帮助孩子建立自信。

关于日常生活教育，蒙台梭利曾说："日常生活中的家事，儿童都非常喜欢参与。"幼儿可以从日常生活教育中获得基本的生活技能，其独立性、自主性、专注力、社交力、合作意识、大小肌肉的灵活性、手眼协调能力等都会得到训练和成长。

本书以蒙氏感官教育、语言教育、数学教育、科学文化教育以及日常生活教育五个领域为立足点，将0~3岁的幼儿划分为六个年龄段，分别是0~6个月、7~12个月、1岁~1岁半、1岁半~2岁、2岁~2岁半、2岁半~3岁，每个年龄段各为1章，共6章，每章设置9个游戏，每个游戏都对幼儿的某项或某几项能力进行训练，力求在幼儿入园之前，帮助幼儿获取入园所需的各项能力。另外，每章开篇设置了导读，详细地介绍了该年龄段孩子的发展特点。

游戏是孩子最自然的学习方式。蒙台梭利曾说："儿童是通过努力从事活动，从而使个人得到发展的。"对于0~3岁的孩子来说，通过游戏来参与活动，不但可以从中获取周围环境的信息，还可以在游戏中获得知识和技能。鉴于此，我们编写了本书，希望既能帮助父母开心陪孩子玩到入园，又能在游戏中培养孩子的健全人格。

目录

第一章

0～6个月亲子早教游戏

生命的初期，一定要从环境中吸收大量的信息，这是心智活动最频繁的时期，孩子需要从环境中吸收一切事物。

——蒙台梭利

导读 0~6个月孩子的发展特点

0~6个月孩子的感官系统、语言能力、大运动和精细动作等都处于不断发展进步中，且都还没达到成熟状态，具体各项发展特点如下。

1.视觉系统。 刚刚出生1~2周的新生儿，只能看清20厘米以内的物体，视线可以跟随人或物追到正前方的中线位置；满月后，孩子的头部和眼睛的协调性变强，可以追视自己感兴趣的物体；3~6个月时，孩子的视线可以跟随人或物追到180°的位置，且已经具备分辨颜色的能力。

2.听觉系统。 当孩子还在妈妈肚子里的时候，他就具备了听觉能力。一般情况下，刚刚出生的孩子会因为外耳和内耳之间的鼓室没有空气，听力会表现得比较差，但是对声音也是有反应的。3~6个月时，孩子的听力敏感度在不断提升，主要表现为：听到声音时，孩子会主动转动头部去寻找声源。

3.语言能力。 0~6个月的孩子，除了会哭、会自发地笑之外，还会冒出咿咿呀呀的话语。

4.大运动和精细动作。 大运动是指神经对大肌肉群的控制活动，如俯趴、翻身、站立、走路、跑跳等各项活动；精细动作是指较小的，需要大肌肉和小肌肉共同控制的动作或活动。刚刚出生的孩子，全身的肌肉力量都很弱，抬头、翻身、坐、爬、走等动作都会受到限制，这些都阻碍了孩子的大运动和精细动作的发展。

黑了，亮了

① 让孩子感受"明"和"暗"，提高孩子对光线的反应能力。

② 发展孩子的视觉能力，提高孩子对光的反射活动的认知。

③ 训练孩子的视觉追光能力。

游戏详解

① 准备一个手电筒和婴儿车。

② 将孩子以舒适的方式放在婴儿车里，拉上房间的窗帘，让光线变暗。

③ 妈妈用一只手轻拍孩子，另一只手拿着手电筒，打开手电筒，让手电筒的光亮射在孩子视线的前方，并对孩子说："亮了！"然后关掉手电筒，同时说："黑了！"在游戏的过程中，妈妈还可以慢慢移动手电筒的光亮，观察孩子的视线是否会追着光亮走。

④ 拉开窗帘。

　　① 拉上窗帘后的光线不宜过暗，以免吓到孩子。

　　② 手电筒的光亮不要打在孩子的眼睛上，以免伤害孩子的眼睛。

　　③ 手电筒光亮的位置和移动的幅度要充分考虑孩子眼部和头部的协调性。

游戏观察

　　① 拉上窗帘，房间光线变暗时，注意观察孩子的反应。

　　② 开关手电筒时，观察孩子瞳孔的收缩情况。

③ 移动手电筒的光亮时，观察孩子的视线是否会去追手电筒的光亮。

④ 拉开窗帘，房间光线变亮时，观察孩子的反应。

╲╲ 蒙氏早教指南 ╱╱

蒙台梭利认为："儿童首先发挥功能的是感觉器官。"视觉属于感觉器官之一。对光线明暗的反应是孩子视觉发育的开端。虽然刚刚出生的孩子的视觉能力还很差，但其对光线的"明"和"暗"已经有了感觉，借助视觉游戏，可以使孩子的视觉变得更加敏锐。在游戏的过程中，父母可以适当加入一些简单的话语，比如"黑了""亮了"等，用以刺激孩子的听觉系统，促进孩子的听觉发展。

吸管吹气

游戏目标

　　① 提高孩子的感觉敏锐性。

　　② 促进孩子的触觉系统发育，提高孩子的触觉辨识能力和触觉反应能力。

　　③ 丰富孩子的触觉刺激。

游戏详解

　　① 准备一根吸管和一张软垫，让孩子仰卧在软垫上。

② 妈妈用吸管对着孩子身体的某个部位吹气，吹到哪个部位，就告诉孩子吹的是哪里，一边吹气一边与孩子互动，比如："这是宝宝的手心，宝宝是不是觉得手心凉凉的呀？"

③ 根据孩子的反应随时调整吹气的强弱以及终止游戏的时间。

温馨提示

① 玩游戏时，不宜给孩子穿太多，要保持室内温度适宜。

② 玩游戏时，父母要与孩子做好互动，这样效果会更佳。

游戏观察

① 用吸管对孩子身体的某个部位吹气时，观察孩子的表情。

② 与孩子互动时，观察孩子的反馈方式。

╲╲蒙氏早教指南╱╱

蒙台梭利认为："虽然触觉遍布在全身的表皮上，但是我们往往给予孩子的活动却局限于少部分。"因此，父母在进行"吸管吹气"游戏时，可以适当增加所吹的身体部位，以更好地提高孩子的感觉敏锐性，促进孩子的触觉辨识能力和触觉反应能力的发展。

趴卧游戏

游戏目标

① 让孩子练习抬头，掌握俯仰抬头的动作，提升其对头部的控制能力。

② 促进孩子全身肌肉协调发展。

游戏详解

① 在孩子情绪、状态都比较好的时候，让孩子趴卧在床上，双手放在胸前。

② 爸爸或妈妈在孩子对面跟孩子互动，或者轻声呼唤孩子的名字，或者借助可以发声的玩具来引导孩子抬头。

① 控制好孩子趴卧的时间。刚开始练习趴卧时，2~3分钟即可；等孩子长到3个月后，每天可进行两次趴卧，每次时长可在10~15分钟以内。

② 父母务必要在旁边做好看护，保障孩子的安全。

③ 父母可以借助一些玩具来与孩子互动，提高孩子趴卧的兴趣。

游戏观察

① 观察孩子抬头的动作及其头部能否自如地左右转动。

② 观察孩子在撑起肢体时，双手是否本能地张开攥紧的小拳头。

③ 观察孩子的情绪变化，控制好游戏的时长。

蒙氏早教指南

在蒙氏教育中，动作、肌肉的发展属于日常生活教育。蒙台梭利认为："人必须学会协调自己的动作。"新生儿的全身肌肉力量还很弱，抬头、翻身、坐、爬、走等动作都要受到限制，"趴卧游戏"可以促进孩子全身肌肉的协调发展。新生儿在趴卧时，为了撑起肢体，他会本能地张开攥紧的小拳头，这其实是在为孩子将来捏、拿、传东西等手部精细动作做准备。

照片里的爸爸

① 开发孩子的记忆力。

② 帮助孩子认识家人。

游戏详解

① 准备一张爸爸近期的照片，最好是裱起来的。

② 妈妈一边给孩子看准备好的照片，一边指着眼前的爸爸，并告诉孩子："这是爸爸！"

③ 30秒过后，将照片拿开。

④ 1分钟后，再把照片拿给孩子看，并问孩子："这是谁呀？"

温 馨 提 示

① 给孩子看的照片最好是裱好的，以免照片的边缘割伤孩子。

② 第一次给孩子看照片时，爸爸的装扮可以和照片里的一样，以加深孩子的记忆。

游戏观察

① 妈妈给孩子看照片，并指着爸爸时，观察孩子的表情和反应。

② 再给孩子看照片时，观察孩子会不会看向爸爸，或者用手去指爸爸。

蒙氏早教指南

蒙台梭利认为："感官训练可以培养敏锐的观察者，适应现在的文明时代，更能实际地应用于日常生活中。"孩子的记忆力主要来自感官所感受到的东西，而且在熟悉的场景中更容易得到锻炼和延续。妈妈给孩子看爸爸的照片，可以让孩子熟悉爸爸的外貌特征，加深孩子对爸爸的记忆。这不仅对开发孩子的记忆力有所帮助，而且也可以帮助孩子更好更快地认识家人。

镜子里的小宝宝是谁

游戏目标

① 帮助孩子认识自己的身体，提高孩子的自我认知能力。

② 激发孩子的自我意识。

游戏详解

① 准备一面镜子。

② 妈妈抱着孩子站在镜子前面，与镜子保持一定的距离，引导孩子看向镜中人。

小镜子，照一照，里面有个小宝宝。

③ 如果孩子对镜中人很感兴趣，并将手伸向镜子，妈妈就可以将孩子抱近些，让孩子触摸、拍打镜子中的妈妈和自己，这个时候，妈妈可以对着镜子做表情逗孩子。

④ 对着镜子摸摸孩子的额头、鼻子、眼睛等，抬起孩子的手和脚，一边摸一边告诉孩子这些部位的名称。

温 馨 提 示

① 父母要保证镜子没有反光，以免伤害到孩子的眼睛。

② 父母对着镜子做表情时，不要做吓人的表情，以免吓到孩子，给孩子留下心理阴影。

游 戏 观 察

① 观察孩子看到镜中人时的表情。

② 观察孩子会不会与镜子中的自己互动。

╲╲蒙氏早教指南╱╱

在蒙台梭利婴儿房，即蒙氏家庭环境中，常常会看到镜子，这主要是因为照镜子可以激发孩子的自我意识。0~6个月孩子的自我意识尚未萌生，通过照镜子可以提高孩子的自我认知能力，让孩子更快地认识身体的各个部位。

打"哇哇"

① 引导孩子连续而有节奏地发音。

② 让孩子初步感知声音。

游戏详解

① 准备一张洁净的薄纸。

② 妈妈先用手在自己的嘴上拍，发出"哇哇"的声音。

③ 妈妈拿着孩子的小手，放在孩子的嘴上拍。

④ 当孩子发出"哇哇"声时，妈妈将准备好的薄纸放在孩子嘴前，通过纸张的振动让孩子感知声音。

"哇哇哇哇哇……"

===温 馨 提 示===

① 帮助孩子打"哇哇"时，要控制好手部力量。

② 如果孩子不能发出"哇哇"的声音，妈妈可以给孩子做示范，让孩子观察自己的嘴型，慢慢引导孩子发出"哇哇"声。

游戏观察

① 观察孩子是否会主动去模仿妈妈的行为，自己把手放在嘴巴上。

② 当纸张振动时，观察孩子的反应。

＼蒙氏早教指南 ／

蒙台梭利认为："儿童是一个细心的观察者，他特别容易被成人的行为所吸引，进而模仿他们。"当妈妈给孩子示范打"哇哇"时，孩子会被妈妈的行为及所发出的"哇哇"声吸引，进而去模仿妈妈。这可以让孩子初步感知声音，同时也可以引导孩子连续而有节奏地发音。对语言能力有限的孩子来说，这是一个既有趣又有益的游戏。

拉大锯，扯大锯

游戏目标

① 锻炼孩子的腰部肌肉、腹部肌肉、骨骼力量和上肢支撑力。

② 为孩子学坐做准备。

③ 发展孩子身体动作的灵敏性、柔韧性和协调性。

游 戏 详 解

① 准备一张柔软的垫子。

② 在孩子情绪良好时，让他呈仰卧姿势躺在垫子上。

宝宝准备好了吗？我们来拉大锯，扯大锯喽！

③ 妈妈伸出双手引导孩子抓住妈妈的食指。

④ 在孩子抓住妈妈的食指后，妈妈轻轻地将孩子拉起来坐稳，一边拉一边唱念儿歌："拉大锯，扯大锯，外婆家，唱大戏。妈妈去，爸爸去，小宝宝，也要去。"

⑤ 将孩子拉起来坐稳后，妈妈要轻轻抚摸孩子的腰背，帮助孩子放松肌肉，然后再轻轻地把孩子放下，如此可重复3~4次。

① 妈妈拉孩子起来时，动作一定要轻，力度一定要适度。

② 从让孩子坐稳到将其放下的时间不要太长。

③ 不要在孩子状态不佳时开展本游戏。

游戏观察

① 在拉孩子起来时，观察孩子是否有不良情绪，比如排斥、恐惧等。

② 拉孩子坐起时，观察孩子能否坐稳。

③ 孩子坐稳后，观察他的身体动作和面部表情。

＼蒙氏早教指南／

　　蒙台梭利十分重视幼儿的肌肉练习，幼儿大小肌肉的协调性和灵活性与他掌握并熟练日常生活动作密切相关。0~6个月孩子的腰部肌肉、腹部肌肉、骨骼力量和上肢支撑力十分有限。拉大锯，扯大锯可以帮助孩子进行起坐训练，也能锻炼孩子的腰部肌肉、腹部肌肉、骨骼力量和上肢支撑力等，这对促进孩子大小肌肉的协调性、灵活性是极其有利的。

快乐"吊床"

① 锻炼孩子的平衡能力。

② 让孩子初步感知信任感。

游戏详解

① 准备一条毛毯。

② 将毛毯铺平，然后让孩子面部朝上躺在毯子中间，爸爸妈妈双手各抓住毛毯的一个角，轻轻抬起毯子。

③ 爸爸妈妈相互配合，轻轻地将孩子左右摇晃或上下移动。

"荡秋千"喽！

温馨提示

① 务必要抓紧毛毯，不宜抬太高，摇摆的力度、幅度都要适中，以保证孩子的安全。

② 在游戏的过程中，可以用语言、眼神、表情等来跟孩子沟通。

游戏观察

① 在抬起毯子轻轻摇晃时，观察孩子的面部表情，看看他是恐惧还是欢喜。

② 游戏进行时，观察孩子的视线落在哪里。

③ 观察孩子是否会对父母的语言、眼神和表情进行回应。

蒙氏早教指南

蒙台梭利认为，走向独立是儿童生命的发展走向。平衡能力是孩子顺利进行每一项身体运动的基础和保障，是孩子身体走向独立的必要前提；信任感则与孩子今后的社交能力和团队协作能力密切关联，是孩子精神走向独立的基础。父母可以借助快乐"吊床"游戏，来训练和培养孩子的平衡能力和信任感。

伸展运动

游戏目标

① 让孩子意识到四肢的存在，增强孩子身体的感知能力。

② 缓解孩子手臂和腿部肌肉的紧绷状态。

③ 增强孩子四肢的力量和灵活性。

游戏详解

① 让孩子仰躺在床上。

② 妈妈握住孩子的两只手臂，向头部伸展，或者一只手向上伸展，一只手向下伸展。

③ 妈妈用双手抓住孩子的双脚，轻轻地往上来回帮助孩子伸展双腿。

=== 温 馨 提 示 ===

① 家长的动作要轻柔，以免弄伤孩子。

② 做伸展运动不宜给孩子穿太多衣服，因此，家长要保证室内温度适宜，别让孩子着凉。

游 戏 观 察

① 观察孩子的肌肉是否处于紧绷状态，尤其是腿部肌肉。

② 观察孩子四肢的力量。

╲╲ 蒙氏早教指南 ╱╱

蒙台梭利认为："儿童的一切教育都应该遵循一个原则，即帮助孩子身心自然地发展。"0~6个月的孩子对自身身体的感知能力有限，甚至可能都没意识到小手臂和小腿的存在。"伸展运动"游戏不仅可以增强孩子身体的感知能力，还能帮助孩子缓解四肢肌肉的紧绷状态，促进孩子的肌肉发育，增强孩子的四肢力量和灵活性，让孩子的身心都获得发展。

第二章

7～12个月亲子早教游戏

> 儿童有一种特殊的敏感性，集中体现他去吸收周围的一切。
>
> ——蒙台梭利

导读 7~12个月孩子的发展特点

7~12个月孩子的精细动作、大运动发展、语言能力、情绪与社会行为、认知与理解能力等均处在迅速发展和大幅提升的过程中，详细情况如下。

1.精细动作进步明显。伸手够物、抓握物品、翻书、写字、涂鸦等动作都属于精细动作，这些动作的发展，不仅展现了孩子手指间的协同性和灵活性，还反映了孩子大脑的发育状况。7~12个月的孩子可以抓起积木块，将积木块从一只手换到另一只手；懂得用手指去捡、去抓、去拿、去扔各种不同形状的物品；会模仿涂鸦，会使用水杯喝水……

2.大运动发展迅速。7~12个月的孩子会坐，能爬，会翻身，会扶站，会想办法够取不好拿的玩具，可以自己在屋里玩，开始学习走路……不过，总体来说，7~12个月孩子的平衡能力较差，稳定性还不够。

3.语言理解能力大幅提升。7~12个月的孩子对说话、表达的兴趣越来越强烈，语言理解能力也随之得到大幅提升。在这个时期，孩子会咿咿呀呀地想要用语言表达自己，会发出各种不同的声音，会模仿大人发出重复、连续的音节……尽管在这个时期，孩子吐字还不是很清晰，却能够理解简单动词的意义，比如"来""走""不可以"等。

4.情绪与社会行为得到发展。7~12个月的孩子会拒绝别人拿走玩具，看到陌生人会感到害怕和不安，身边没人时会哭泣，懂得挥手跟人说再见，会根据大人的不同态度、脸色和声音而做出不同的反应，能够自己伸手配合父母穿脱衣服……

撕纸乐

游戏目标

①锻炼孩子手指的操作能力和灵活性，促进孩子精细动作的发展。

②提高孩子手、眼、脑的相互协调能力。

③培养孩子的想象力。

游戏详解

① 准备若干纸巾。

② 让孩子坐在妈妈的对面，给孩子一张纸巾。

③ 妈妈拿着一张纸巾，慢慢地撕成长条状，给孩子做示范。

④ 让孩子自由撕纸。

① 不要选择粗糙的纸巾，不要用边角锋利的纸巾，以免划伤孩子的皮肤。

② 不要过度干扰孩子的撕纸方式。

③ 不要让孩子把纸放进口中。

① 观察孩子能否独自完成撕纸动作。

② 观察孩子的撕纸方式，看看孩子是耐心地模仿大人，还是全凭自己的想法来。

＼＼蒙氏早教指南／／

蒙台梭利认为："手是所有工作的基础。"孩子手部精细动作的发展情况可以通过手指的操作能力和灵活性表现出来。另外，孩子精细动作能力的发展，与其手、眼、脑的协调能力密切相关。"撕纸乐"游戏可以锻炼孩子手指的操作能力，提高孩子手指的灵活性，也可以对孩子手、眼、脑的协调能力进行训练。

抓握瓶子

游戏目标

① 训练孩子手部的精细动作。

② 促进孩子的触觉发育和感知觉发展。

游戏详解

① 准备两个空的矿泉水瓶，一瓶装冷水，一瓶装热水。

② 妈妈抓住孩子的手，引导孩子分别去抓握两个水瓶。

┌─────────── 温 馨 提 示 ───────────┐

① 冷水不宜太凉，热水不宜太烫，瓶子不宜过大。

② 孩子可能无法一下子抓握住瓶子，妈妈要多一些耐心。

└──────────────────────────────────┘

 游戏观察

① 观察孩子在抓到冷水瓶和热水瓶时的表情。

② 观察孩子是否会主动交替抓握两种瓶子。

③ 观察孩子抓握瓶子的方式以及他能否抓握住瓶子。

\\蒙氏早教指南 //

蒙台梭利认为，手是智力发展的工具。孩子早期手部精细动作的发展在时间和空间上，都与其脑认知发育存在一定的重合，换句话说，孩子手部精细动作的发展与其智力发展息息相关。"抓握瓶子"是结合7~12个月孩子的手部精细动作的发育情况，并考虑到孩子大脑对冷和热的感知觉认知情况而设置的一款游戏，对孩子的手部精细动作发展和脑认知发育都有积极作用。

穿越隧道

游戏目标

① 提高孩子的爬行能力。

② 训练孩子的腿部肌肉。

③ 培养孩子的空间意识。

游戏详解

① 准备一个儿童隧道爬行筒。

② 在铺有地铺的客厅里，打开儿童隧道爬行筒。

③ 爸爸妈妈分别在爬行筒的两端引导孩子穿越爬行筒。

宝宝，妈妈在这里呢！快爬过来！

━━━━ 温 馨 提 示 ━━━━

① 为了保障孩子的安全，爬行筒底下最好有地铺或者游戏垫。

② 游戏过程中，爸爸妈妈最好在爬行筒的两端引导，让孩子有一个爬行目标。

游 戏 观 察

① 当孩子爬进爬行筒里时，观察孩子的情绪表现。

② 观察孩子的爬行动作是否流畅，记录孩子的爬行时长。

＼＼蒙氏早教指南／／

在蒙氏教育中，爬行能力、大小肌肉的灵活性都归属于日常生活教育，空间意识则属于感官教育。6个月以上孩子的爬行能力越来越强，活动范围越来越广，对周围的事物更是充满了好奇心。"穿越隧道"游戏不仅可以提高孩子的爬行能力，训练孩子的腿部力量，还能激发孩子的探索心和好奇心，培养孩子的空间意识。

爬斜坡

游戏目标

　　①训练孩子的腿部力量和下肢的负重能力，为孩子的站立做准备。

　　②训练孩子的平衡能力，促进孩子的大运动发展。

游戏详解

① 准备一床棉被。

② 将棉被堆成多个斜坡，在斜坡上放置孩子喜欢的玩具。

③ 妈妈在一旁引导孩子爬上这些斜坡去够玩具。

① 斜坡不要太陡。

② 尽量让孩子按照家长安排好的路线爬。

③ 家长要在一旁保障孩子的安全。

① 观察孩子能否克服自身重量爬上斜坡。

② 观察孩子在爬斜坡时，身体是如何保持平衡的。

＼＼蒙氏早教指南／／

蒙台梭利指出，若是空间足够，幼儿便会通过爬行去抓取东西。"爬斜坡"游戏需要孩子的下肢具备一定的负重能力，否则孩子很难爬上斜坡。而下肢的负重能力与孩子爬行、站立、行走等多项大运动能力密切相关，会直接影响孩子日常生活教育的进展。

小企鹅

游戏目标

① 锻炼孩子的手臂力量，提升孩子的肢体协调能力。

② 增强孩子身体的平衡性和协调能力，为孩子直立行走做准备。

③ 让孩子初步体验合作的喜悦。

游戏详解

① 妈妈赤脚站立，让孩子赤脚踩在妈妈的脚背上，妈妈抓着孩子的双手，或让孩子用双手搂住妈妈的一条腿，妈妈带着孩子像小企鹅一样慢慢地前进或后退。

② 妈妈可以适当地调整运动的频率。

温 馨 提 示

① 步子不要迈得太大，脚离地面不宜太高。

② 初步练习时最好选择一个空旷的区域，避开障碍物。

③ 家长用力要适当，调整运动频率的幅度不要太大，以免孩子无法适应。

游 戏 观 察

① 对比孩子在被妈妈拉着手和搂着妈妈的腿行走时的动作与情绪。

② 当妈妈改变运动频率时，观察孩子能否适应并及时调整频率。

③ 开展游戏时，观察孩子是否愿意配合妈妈的动作和节奏。

\\蒙氏早教指南//

蒙台梭利说："新生儿具有奇妙的自我调节能力。"在孩子还不会走路之前，"小企鹅"游戏可以让孩子提前感受直立行走，孩子会跟着妈妈的节奏和步伐，及时做出调整，以保持肢体协调和平衡，为将来的扶站、走路等做准备。另外，妈妈与孩子共同参与游戏，不仅可以增进亲子关系，还能让孩子初步体验合作的喜悦。

蹲捡玩具

① 锻炼孩子的下肢力量。

② 训练孩子弯腰时的身体平衡能力。

③ 锻炼孩子身体动作的协调能力。

游 戏 详 解

① 准备一些孩子喜欢的玩具。

② 将孩子抱到沙发边，让孩子双手或单手扶着沙发，并将准备好的玩具放在孩子脚下。

③ 妈妈在一旁鼓励孩子扶着沙发蹲下捡玩具，然后再引导孩子站起来。

温 馨 提 示

① 游戏过程中，家长务必要在旁边保障孩子的安全。

② 在孩子身体平衡能力还比较差的情况下，最好不要让孩子扶椅子、凳子等比较坚硬且容易失去平衡的物体。

① 观察孩子蹲下时，肢体是否协调，身体平衡能力如何，有没有东倒西歪等。

② 观察孩子蹲下后，能否自己扶着物体站起来。

③ 观察孩子站起来时，能否保持身体平衡。

╲╲蒙氏早教指南╱╱

蒙台梭利认为，儿童的肌肉会在运动中处于健康状态，儿童可以通过运动器官来实现自己的意志。下肢的力量、四肢的协调性以及身体的平衡能力都关系到孩子的大运动发展。"蹲捡玩具"游戏不仅可以锻炼孩子的下肢力量，还可以增强孩子四肢的协调性和身体的平衡能力。在孩子学会走路之前，家长可以多锻炼孩子蹲捡玩具的能力，为孩子学步走路做准备。

推拉小车

游戏目标

① 帮助孩子练习走路，增强孩子的走路兴趣。

② 锻炼孩子的身体平衡能力，提高孩子的独立探索能力。

游戏详解

① 准备一辆婴儿学步车。

② 找一个宽敞的地方，比如家里的客厅、小区广场等，引导孩子站在学步车里，让孩子迈脚向前走，妈妈掌握方向。

③ 妈妈尝试慢慢放手，让孩子自己掌控方向。

① 妈妈扶着孩子向前推车时，要把控好速度，太快太慢都不好。

② 放手让孩子自己推车时，妈妈要守护好孩子的安全。

③ 考虑到孩子的骨骼发育，游戏持续的时间不宜过长，最好不要超过30分钟，以免影响孩子腿部的正常发育。

游戏观察

① 妈妈扶着孩子向前推车时，观察孩子是否会迈步跟着车向前走。

② 妈妈放手后，观察孩子能否继续保持身体平衡。

∖∖ 蒙氏早教指南 ∕∕

蒙台梭利指出："一个人的幼儿时期，其实就是一种不断习得能力的过程。"随着孩子的成长，10个月后的孩子差不多就要练习走路了。然而，这个阶段，孩子的平衡能力和腿部力量都比较弱，婴儿手推车可以在一定程度上帮助孩子克服这两个短板，让孩子更好地练习走路，提高孩子对练习走路的兴趣。

咿咿呀呀学说话

① 引导孩子从无意义的咿呀说话过渡到有意义的语言表达。

② 锻炼孩子的语言交流和理解能力，增强孩子的语感。

③ 通过交流来刺激孩子的说话兴趣。

游戏详解

① 打开手机录音功能，并用话语吸引孩子张嘴说话，比如对孩子发出一个简单的指令。

②当孩子咿咿呀呀发出声音时，父母不要急着打断，最好是等孩子说完后，再做出回应，可以简单地模仿并重复孩子的发音。

③把孩子咿咿呀呀学习说话的声音录制下来，然后再放给孩子听。

温馨提示

①孩子在咿咿呀呀表达自我的时候，父母要有耐心去倾听，给孩子表达的机会。

②和孩子说话时，最好用高音调，以引起孩子的注意，而且语言要简单。

③不要嘲笑或模仿孩子错误的发音。

游戏观察

①当父母对孩子发出的声音做出回应时，观察孩子的反应。

②父母把录制的声音放给孩子听时，观察孩子的表情变化。

蒙氏早教指南

蒙台梭利指出，幼儿咿咿呀呀学说话，其实是在模仿成人的语调和语音。7~12个月的孩子已经能够听懂简单的话语，而且不再只会简单地用哭或单纯的肢体动作来表达自己的意愿，他们会咿咿呀呀地回应父母，会借助语言和肢体动作来表达自己的欲望。在孩子具有语言表达欲望的基础上，父母给孩子提供一个说话的氛围和环境，可以帮助孩子提升语言交流能力和理解能力，增强孩子的语感。

你好，再见

① 教孩子学习基本的社交礼仪。

② 教孩子说一些简单的词语。

游戏详解

① 妈妈抱着孩子坐在沙发上，爸爸突然出现在孩子面前，并笑着跟孩子说："你好。"然后跟孩子挥挥手，对孩子说："再见。"如此反复几次。

② 准备一些动物指偶，如小白兔、大熊猫、小老虎等。

③爸爸妈妈各自将准备好的指偶玩具套在手指上，比如爸爸套上小白兔，妈妈套上大熊猫，然后假装两个小动物相遇了。爸爸说："大熊猫，你好呀！"妈妈说："你好，小白兔。"打完招呼后，再相互说"再见"。

①爸爸突然出现在孩子面前时，不要做吓人的表情，以免吓到孩子。

②爸爸妈妈在套上指偶玩具模仿小动物时，可以说出小动物的外貌特征、饮食以及喜好，比如，小白兔爱吃胡萝卜，大熊猫爱吃竹子等，以增强游戏的趣味性，且提升孩子对动物的认知。

游戏观察

① 当爸爸突然出现在孩子面前并跟孩子说"你好"时，观察孩子的反应。

② 当爸爸挥手跟孩子说"再见"时，观察孩子是否会挥手说"再见"。

③ 当爸爸妈妈套上指偶模拟小动物相遇、道别时，观察孩子的表情变化。

⫽ 蒙氏早教指南 ⫽

蒙台梭利认为，学龄前儿童的最大需求在于通过实践的、感官的、具体的活动来认知真实世界。"你好，再见"游戏通过具体的实践来帮助孩子学习并理解基础的礼貌用语，让孩子初步接触社交礼仪，从而能够更深入地理解某些语言和行为的意义，更好地认识真实世界。

第三章

1岁~1岁半亲子早教游戏

儿童是通过努力从事活动，从而使个人得到发展的。

——蒙台梭利

导 读 1岁~1岁半孩子的发展特点

1岁~1岁半孩子的精细动作、大运动能力会得到突飞猛进的发展，语言表达能力、认知能力等也会得到锻炼和提升，详细情况如下。

1.精细动作。1岁~1岁半孩子的手和眼已经能够很好地协调配合，手指的灵活性更是有了很大的提升。在这个阶段，父母可以通过让孩子传递物品、系/解纽扣、穿/脱衣服、穿珠子等游戏，来促进孩子的精细动作发展。

2.大运动。1岁~1岁半的孩子已经具备下蹲、弯腰、站立、行走等各项大运动能力。在这个阶段，孩子的平衡力较差，极易摔跤，尤其是在跑和停的时候，身体极易失去平衡。因此，父母可以有意识地让孩子练习跑和停，还可以训练孩子上下楼梯的能力，用以增强孩子的身体平衡力，促进孩子的大运动发展。

3.语言表达能力。孩子的语言表达能力需要父母与外界不断地反复刺激，才能得到锻炼和提升。1岁~1岁半的孩子能够听懂父母发出的短指令，可以用简单的语言说出自己想要的物品，会说"吃""喝""抱"等简单的动词……不过，这个阶段的孩子还无法说完整的句子，发音也常常不标准，还需要父母不断地引导和刺激。

4.认知能力。1岁~1岁半的孩子已经对某些物体的颜色、形状、大小、数量和用途有了初步的认知，他们会根据自己的理解和认知去玩弄这些物体。在这个阶段，父母可以借助一些游戏来深化和巩固孩子的认知，以培养和发展孩子的观察力和想象力。

穿手链

游戏目标

① 训练孩子的手眼协调能力。

② 加强孩子对双手的控制能力，增强孩子手指的灵活性。

③ 进一步强化孩子的精细动作。

游戏详解

① 准备一些粗细不同的吸管，并用剪刀剪成小段，再准备一些绳子和鞋带。

② 妈妈先拿一根鞋带，在鞋带的一端打个结，然后再取一截粗的吸管，给孩子示范如何将鞋带穿过吸管。

③ 待孩子能比较熟练地将鞋带穿进粗吸管时，妈妈可以让孩子去穿细吸管，然后是用绳子穿粗吸管，最后用绳子穿细吸管。

④ 鼓励孩子将每根鞋带或每条绳子上多穿一些吸管，穿多了就变成一条手链。

温 馨 提 示

① 游戏过程中，要告诉孩子不要将吸管放进嘴里，尽量让孩子自己动手操作。

② 如果孩子一时无法将绳子穿过粗吸管，妈妈不要着急，要给孩子一些时间和耐心。

游戏观察

① 当孩子用鞋带穿不同粗细的吸管时，注意观察孩子手部动作的流畅性。

② 对比孩子用绳子和鞋带穿吸管的动作差异。

╲╲蒙氏早教指南╱╱

蒙台梭利认为："反复练习是儿童的智力体操。""穿手链"这一游戏看起来只是简单的反复练习，但其实可以促进孩子的智力和精细动作发展。一般情况下，用鞋带穿粗吸管要比用鞋带穿细吸管容易，而用绳子穿粗吸管却比用鞋带穿粗吸管更难，最难的是用绳子穿细吸管。因此，在游戏过程中，父母要给孩子一些时间和耐心，让孩子的精细动作循序渐进地发展。

给小熊穿衣服

① 主要目的是让孩子对系扣子产生兴趣，进而学会系扣子。

② 增强孩子的手眼协调能力。

③ 提升孩子的动手能力，促进孩子的手部精细动作发展。

④ 为孩子自己穿衣服做准备，让孩子学会独立。

① 准备一个小熊玩具和一件给小熊玩具穿的带大扣子的衣服。

② 妈妈给孩子示范给小熊玩具穿衣服，一边示范一边讲解。

③ 让孩子自己动手给小熊穿衣服，妈妈在一旁指导，帮助孩子掌握穿衣服和系扣子的技巧。

一个眼，一个扣，我帮它们手拉手，结成一对好朋友。

①对孩子来说，系扣子是一个比较难的动作，因此，父母最好准备大扣子的衣服，并将系扣子与游戏、儿歌关联起来，以增强孩子的兴趣。

②当孩子不会系扣子时，父母可以进行多次示范，但最重要的还是让孩子自己动手实践。

游戏观察

① 观察孩子能否正确穿衣服。

② 观察孩子系扣子的动作。

③ 观察孩子能否正确匹配扣子和扣眼。

蒙氏早教指南

蒙台梭利认为："人的手十分精细和复杂，它不仅使心灵得以展现，还能使人跟整个环境建立一段特殊的关系。"系扣子可以对孩子的手指灵活性、手眼协调能力和观察能力进行训练，能帮助孩子早日学会独立穿衣，早日变得独立，从而更好地与环境建立关系。

玩套盒

① 锻炼孩子的精细动作。

② 让孩子感受大小，认识大小。

③ 激发孩子的好奇心，培养孩子的探索精神。

游戏详解

① 准备一些大小不一的盒子，并将孩子最爱的小玩具放在最小的盒子里。

② 把放有玩具的小盒子作为最里层，依次将准备好的纸盒从小到大套起来。

宝宝，妈妈要把玩具藏起来喽！

③ 让孩子自由地去摸、去感受、去打开盒子探索。

④ 在孩子找到藏起来的玩具后，再指导孩子将纸盒套起来。

① 不要选棱角过于坚硬的盒子，以免伤到孩子。

② 一开始玩时，套的盒子不宜过多，以免孩子产生消极情绪。

游戏观察

① 把盒子从小到大依次套好后，观察孩子是否会打开盒子。

② 当孩子打开所有盒子后，观察他是否会按大小重新套起来。

③ 游戏过程中，妈妈可以问孩子"哪个是大盒子，哪个是小盒子"，并观察孩子的反应。

﹨ 蒙氏早教指南 ﹨

蒙氏教育理念非常注重孩子诸多潜能的开发。孩子在触摸、打开、套上盒子的过程中，不仅精细动作可以得到锻炼，而且自我探索能力及对大小的认知能力也会得到激发和提升。因此，父母可以借助"玩套盒"游戏，来锻炼孩子的精细动作，激发孩子的探索欲望，提升孩子对大小的认知能力。

上下楼梯

游戏目标

① 训练孩子的腿部力量，增强孩子的平衡能力。

② 让孩子初步认识上和下。

③ 让孩子初步感知数字。

游戏详解

① 找一处有栏杆的楼梯，在第三个、第五个台阶上放置一些颜色鲜艳的小玩具。

② 妈妈牵着孩子的一只手，让孩子的另一只手扶着栏杆。

③ 妈妈引着孩子一个台阶一个台阶地往上迈，一边迈一边依次从1数到10。

④ 等孩子拿到玩具后，妈妈再牵着孩子下楼梯，一边下一边从10数到1。

① 游戏过程中，要做好孩子的安全防护。

② 不要让孩子独自上下楼梯。

游戏观察

① 观察孩子上下楼梯时如何迈腿。

② 观察孩子上下楼梯时身体的平衡性。

③ 观察孩子听到妈妈数数时的反应。

＼＼蒙氏早教指南／／

在《有吸收力的心灵》一书中，蒙台梭利指出："心理和精神的发展都离不开运动，儿童是通过运动来发展大脑的。""上下楼梯"游戏可以给孩子带来诸多益处，比如锻炼孩子的腿部力量，提升孩子的身体运动协调能力，增强孩子的平衡力，初步认识上和下，等等。另外，一边上下楼梯，一边教孩子数数，还可以让孩子初步感知数字。这些运动对孩子的大脑发育都是十分有利的。

踩影子

游戏目标

① 锻炼孩子的奔跑、躲闪能力，促进孩子平衡力的发展。

② 培养孩子的观察能力。

③ 锻炼孩子的反应能力。

游戏详解

① 找一个晴朗的天气，带孩子去室外宽敞处玩耍。

② 告诉孩子地上的影子分别是谁的。

这是宝宝的影子。

③ 爸爸放开孩子的手去踩妈妈和孩子的影子，妈妈引导孩子去踩爸爸的影子。等孩子熟悉游戏后，爸爸可以忽快忽慢、忽左忽右地移动身体，以锻炼孩子的观察能力和反应能力。

④ 随着游戏的进行，爸爸可以和孩子互踩影子，以训练孩子的奔跑、躲闪以及反应能力。

温馨提示

① 为了让孩子明显地观察到影子的不同，爸爸可以做踮脚、屈身、转身等多种动作来吸引孩子的注意力。

② 不要选择酷暑的天气出去玩耍，以免孩子中暑。

游戏观察

① 观察孩子看到影子时的反应。

② 当爸爸忽快忽慢、忽左忽右地移动身体时，观察孩子的注意力和反应能力。

③ 当爸爸和孩子互踩影子时，观察孩子在奔跑、躲闪时身体的平衡性。

╲╲ 蒙氏早教指南 ╱╱

蒙台梭利认为，身体活动不单单是身体活动，还具有更高层次的功能，是与心智发展相互依存的。"踩影子"游戏借助了影子的变化，对孩子的运动协调、观察、反应、认知等多项能力进行训练，一方面可以促进孩子的大运动发展，另一方面也培养了孩子的观察能力、反应能力、认知能力和平衡能力，从多方面促进了孩子的心智发展。

一二三，木头人

游戏目标

① 培养孩子的专注力，提升孩子的自我控制能力。

② 提高孩子在跑和停时的平衡能力。

③ 锻炼孩子的反应能力。

游戏详解

① 找一个宽敞的室内或室外空地。

② 妈妈和孩子站在离爸爸一定距离的直线上，爸爸背对着妈妈和孩子。

准备好了吗？我要喊口令啦！

③ 当爸爸喊"一二三"时，妈妈和孩子开始跑向爸爸；当爸爸喊"木头人"时，妈妈和孩子要立即停下并保持当前的动作静止，否则就退回起点重新开始，谁先摸到爸爸谁就是赢家。

① 爸爸要把握好喊口令的速度，以给孩子留出一定的反应时间。

② 最好在有地垫、宽敞的室内展开游戏，以免孩子摔倒磕伤。

游戏观察

① 观察孩子在跑和停的时候，身体是否会失去平衡。

② 当爸爸喊"一二三"时，观察孩子能否迅速做出反应。

③ 当爸爸喊"木头人"时，观察孩子能否保持静止不动。如果能，记录孩子维持当前动作的时长。

蒙氏早教指南

蒙台梭利认为："经过不断改善自己的动作，幼儿从独立活动中获得喜悦。"对于1岁~1岁半的孩子来说，他们的平衡能力还比较弱，极易摔跤。"一二三，木头人"游戏可以锻炼孩子跑和停的平衡能力，能够促进孩子的专注力、自控力和反应力的发展，帮助孩子更好地独立活动，从而收获更多的喜悦。

喂动物

① 引导孩子学习说话，训练孩子的语言能力。

② 培养孩子的观察能力，让孩子初步认识动物。

游戏详解

① 准备一些动物玩具，如小白兔、大熊猫、小松鼠、小老虎、长颈鹿等，将这些玩具排成一排，再准备两个塑料碗和两个小勺。

② 妈妈拿起一个塑料碗和一个小勺，并把小勺凑到小白兔的嘴边，做出喂小白兔的动作。

小白兔吃饭啦！小白兔有两只长长的耳朵哦！

③ 鼓励孩子学妈妈的样子喂动物，一边喂一边给孩子描述动物的特征，比如小白兔白白的，大熊猫胖胖的。

④ 妈妈放下碗勺，在一旁给孩子下指令，比如："宝宝，小白兔说它饿啦！"并指导孩子按指令喂动物。

① 务必准备塑料碗，以防止孩子将碗摔坏而弄伤自己。

② 描述小动物的特征时，一定要是非常明显的特征，以帮助孩子准确认识动物。

游戏观察

① 当妈妈拿起碗勺喂动物时，观察孩子是否会模仿妈妈的动作和语言。

② 当妈妈一边喂动物一边描述动物的特征时，观察孩子是否会重复妈妈的语言。

③ 当妈妈给孩子下指令时，观察孩子能否对号入座给动物投喂。

╲╲蒙氏早教指南╱╱

蒙台梭利主张"不教的教育"，反对填鸭式的教学；主张从日常生活训练着手，结合良好的环境，让孩子主动学习。比起死板地教孩子学说话，"喂动物"这种情景游戏反而更能引起孩子的注意，更能激发孩子想说话、想表达的欲望。另外，"喂动物"游戏不但能增加孩子的动物词汇量，还能帮助孩子初步了解各种动物的特征，认识各种小动物。

打电话

① 反复刺激孩子的语言系统，锻炼孩子的语言表达能力。

② 丰富孩子的词汇量，促进孩子语言能力的发展。

游戏详解

① 准备一台固定电话和一部手机。

② 拿起电话的听筒，放在孩子的耳边，让孩子听电话里"嘟嘟嘟"的声音。

③ 教孩子拨号，让孩子感受拨号时电话发出的声音。

宝宝都听到什么了呀？

④ 爸爸在卧室用手机拨打客厅里的固定电话，妈妈抱着孩子坐在固定电话旁边，让孩子感受电话铃响起的声音。

⑤ 妈妈将听筒拿起，放在孩子的耳边，让孩子感受听筒里传来的爸爸的声音。

⑥ 爸爸可以通过电话问一些问题，比如"你在哪里呀？""你在干什么呀？"……妈妈可以在一旁引导孩子回答，比如"在客厅""在接电话"等，以丰富孩子的词汇量。

温 馨 提 示

① 孩子可能会因为好奇而胡乱地按键，这时妈妈不要因此对孩子吼叫，也不要阻止孩子按键，可以试着引导孩子认识电话上的数字，教孩子正确拨打电话。

② 爸爸不要问一些复杂的不好回答的长问题。

游戏观察

① 注意观察孩子在听到听筒里的"嘟嘟嘟"声、拨号的按键声、电话铃声以及听筒里传来的爸爸的声音时的反应和语言。

② 当爸爸在电话中提问时，观察孩子能否用语言回应。

∥ 蒙氏早教指南 ∥

蒙氏心语指出:"我们必须记得,孩子经常试着去了解成人说的话或他周边的事情。"孩子语言的开发需要父母和外界不断地反复刺激,才能得到比较好的锻炼和提升。打电话可以很好地营造表达环境,刺激孩子的表达欲望。同时,在进行游戏时,父母可以借助合理的话术来丰富孩子的词汇量,以帮助孩子更好地了解成人说的话、认识周边的事物。

趣味涂鸦

游戏目标

① 锻炼孩子的动手能力，促进孩子精细动作的发展。

② 训练孩子的手眼协调能力，提升孩子的专注力。

③ 让孩子感受颜色，培养孩子的想象力。

游 戏 详 解

① 准备一些白纸和各种颜色的水彩笔。

② 让孩子坐在桌子前，妈妈先拿着水彩笔在纸上涂鸦，然后鼓励孩子也拿起笔涂鸦。

③ 妈妈先握住孩子的小手在纸上涂鸦，让孩子感受握笔。

④ 当孩子能够自行握笔涂鸦时，妈妈可以放手让孩子自由创作。

宝宝也来试试！

⑤ 在涂鸦的过程中，妈妈可以引导孩子辨别不同的颜色。

=== 温 馨 提 示 ===

① 不要让孩子把水彩笔放入口中。

② 不要给孩子设定形状，让孩子自由发挥。

 游 戏 观 察

① 观察孩子画线条时是从左到右还是从右到左。

② 观察孩子涂鸦时是用一只手操作还是两只手相互配合。

③ 观察孩子涂鸦时的动作，比如是无序地涂画还是有规律地涂画。

＼＼蒙氏早教指南／／

蒙台梭利认为，手是表现的器官，也是创造的器官。1岁~1岁半孩子手部肌肉连动的控制力还比较差，大多还在学习如何掌控手中的笔，对各种形状的认知也比较薄弱，甚至没有形状的意识。因此，孩子在玩涂鸦游戏时，父母不要干扰孩子的创作，也不要用形状来限制孩子的思想，要给孩子足够的自由和空间，让孩子自由发挥，以培养孩子的专注力和想象力。

第四章

1岁半～2岁亲子早教游戏

> 我看到了，我忘记了；我听到了，我记住了；我做过了，我理解了。

> ——蒙台梭利

导读 **1岁半~2岁孩子的发展特点**

　　1岁半~2岁孩子的自我意识，模仿能力和观察能力，语言能力，认知能力、情绪理解能力与记忆力，想象力和创造力，逻辑思维能力，等等，都逐渐得到发展，详细情况如下。

　　1.自我意识。 1岁半~2岁的孩子已经具备自我意识。在大多数父母眼中，这个年龄段的孩子什么都做不好，但又什么都想自己动手。

　　2.模仿能力和观察能力。 1岁半~2岁孩子的观察能力和模仿能力都很强，尤其是对父母的语言、动作的模仿，更是惟妙惟肖。因此，父母在平时要注意自己的言行举止，给孩子树立好榜样。

　　3.语言能力。 1岁半~2岁属于语言敏感期，孩子非常爱说话，语言理解能力也很不错，但常常会出现发音不清的问题。这时，父母不要因为孩子发音不清而去强迫孩子更正，以免打击孩子开口表达的欲望。

　　4.认知能力、情绪理解能力与记忆力。 1岁半~2岁的孩子已经可以通过事物的外观、形状、颜色、数量及其他主要特征来辨别和认识事物了，他们开始对自己的性别、身体部位有了认知。另外，随着孩子语言表达能力以及认知能力的提升，孩子的情绪理解能力与记忆力也会得到发展。

　　5.想象力和创造力。 1岁半~2岁的孩子可以自己玩积木、搭宝塔，听到音乐时会跟着节奏拍拍手、摆动身体，拿到笔和纸时，会按自己的想法去涂画……

　　6.逻辑思维能力。 1岁半~2岁的孩子已经具备了解决问题的能力，在玩比较大小、辨别多少、归类等游戏时，他们通常都会比较顺利。

五官在哪里

① 帮助孩子认识五官的名称、位置和作用。

② 提升孩子的认知能力和反应能力。

③ 借助"在……上面""在……下面""在……中间""在……两边"等方位词来让孩子初步了解方位。

游戏详解

① 妈妈和孩子面对面坐着，妈妈一只手指着自己的五官，另一只手抓住孩子的手帮助孩子指出相同的五官。比如，妈妈一只手指着自己的鼻子，另一只手帮助孩子也指着他自己的鼻子。在指的过程中，妈妈要借助语言来给孩子介绍五官的名称、位置和作用，比如"这是眼睛，眼睛在鼻子的上面，宝宝用眼睛看妈妈"。

② 准备一些面部头像卡片，比如小男生头像、小女生头像、小兔子头像和小猫头鹰头像等。

③ 拿出准备好的面部头像卡片，妈妈一边指头像上的五官，一边用语言给孩子介绍五官。

④ 妈妈随机变换面部头像卡片，让孩子指出这些头像上的五官。

这是鼻子，鼻子在嘴巴的上面，宝宝用鼻子闻花香。

⑤ 增加游戏的难度，妈妈不直接说指哪里，而是用提问的方式来引导，孩子根据妈妈的提问，指出相对应的五官。比如，妈妈问："鼻子的下面是什么？"孩子要指向自己的嘴巴或面部头像卡片上的嘴巴。

① 准备的动物面部头像卡片要有特点，以帮助孩子准确认识相应的动物。

② 游戏要由易到难，不要一上来就问孩子："鼻子的下面是什么？"以免孩子摸不着头脑而对游戏失去兴趣。

游戏观察

① 观察孩子能否正确指出自己的五官。

② 观察孩子能否正确指出小动物的五官。

③ 观察孩子能否根据妈妈的问题来指出相应的五官。

＼蒙氏早教指南／

蒙台梭利指出："我们不是在复制孩子，而是在激发孩子的潜能。"1岁半~2岁的孩子已经具备一定的语言理解能力和记忆能力，我们可以帮助他们更好地认知事物。"五官在哪里"游戏不仅能够训练孩子的反应能力，还能帮助孩子认识五官的名称、位置和作用，提升孩子的认知能力。另外，在游戏中，父母若是能够巧妙借助语言，还能增加孩子的词汇量，提升孩子的语言能力。

你学我猜

① 丰富孩子的词汇量，提升孩子的语言表达能力。

② 锻炼孩子的观察能力和模仿能力。

③ 增强孩子的认知能力。

游戏详解

① 准备一些动物的图片，先给孩子展示这些图片，并引导他认识图片中的动物。

② 妈妈举着图片，爸爸用肢体和语言模仿图片中动物的体形、动作、声音，孩子来猜是什么动物。

③ 把动物的图片收起来，爸爸妈妈合作模仿某一动物，孩子来猜。

④ 调换角色，孩子来模仿，爸爸或妈妈来猜。

① 要找一些有突出特征的动物去模仿，以抓住孩子的兴趣。

② 爸爸模仿的时候，可以一边模仿一边唱相关动物的儿歌，一来可以营造有趣的氛围，二来可以激发孩子的表达欲望。

游戏观察

① 在向孩子展示动物的图片时，观察他能否正确说出这些动物的名称。

② 爸爸模仿图片中的动物时，观察孩子的肢体动作、表情和语言。

③ 在没有图片对比的情况下，观察孩子能否根据父母的模仿正确猜出相关动物的名称。

④ 观察孩子能否正确模仿各种动物。

\\ 蒙氏早教指南 //

蒙台梭利认为，吸引幼儿注意的，不是对事物的思维，而是对感官的刺激。因此，父母在模仿动物的动作和声音时，极易引起孩子的注意，这能帮助孩子增加对动物的了解，提高对动物的认知力。如果父母再辅之以儿歌、语言讲解，还能刺激孩子的语言系统，丰富孩子的词汇量，发展孩子的语言表达能力。另外，父母在模仿的过程中，孩子的观察能力和模仿能力也能得到一定的训练。

积木游戏

游戏目标

① 增强孩子的动手能力，促进孩子的精细动作发展。

② 培养孩子的创造力和想象力，促进孩子的智力发育。

③ 帮助孩子理解空间概念。

④ 培养孩子的自我意识，让孩子按照自己的意愿自由搭建积木。

游戏详解

① 准备一些大小、形状不一的积木块。

② 妈妈在一旁自由搭配这些积木块，并鼓励孩子自己动手。

③ 妈妈在一旁陪着孩子，让孩子自由搭建。

温 馨 提 示

① 在孩子玩积木游戏时，爸爸或妈妈要有一人陪在旁边，以免孩子误将较小的积木放入嘴里吞下。

② 不要准备太大型的积木，一是不利于孩子取放，二是有可能会伤到孩子。

游 戏 观 察

① 观察孩子能否正确地把分散的，形状、大小不一的积木一块一块地搭在一起。

② 观察孩子是怎么保证积木不被碰倒的。

③ 观察孩子是否会不断地将搭好的积木碰倒。

＼蒙氏早教指南／

蒙台梭利指出："如果没有手的帮助，儿童的智力可以发展到一定的水平，但如果有手的帮助，儿童的智力可以发展到更高水平。"从表面上看，积木游戏似乎只是简单地用手将积木一块一块地叠搭起来，实际上却是一个十分发散思维、提升智力的游戏，需要一定的空间推理能力和空间技巧。积木游戏难度越大，对孩子的空间推理能力和空间技巧的要求就越高。它可以有效地锻炼孩子的创造力和想象力，促进孩子的智力发育。而且，积木游戏不设限制，孩子可以充分发挥想象，根据意愿自由地搭建积木，这可以帮助孩子建立自我意识。另外，在玩积木游戏的过程中，孩子要保证搭好的积木不倒，这对孩子的手部控制力和平衡力提出了更高的要求，可以有效地锻炼孩子的精细动作。

跟着妈妈学做家务

游戏目标

① 培养孩子的动手能力，促进孩子的精细动作发展。

② 培养孩子控制事物的能力，帮助孩子建立自信。

③ 培养孩子的观察能力和模仿能力。

④ 帮助孩子掌握一些生活技能，提升孩子的自我意识。

游戏详解

① 准备两块毛巾、一个扫帚或吸尘器、两个收纳箱。

② 给孩子一块毛巾，妈妈拿着另一块毛巾去擦桌子，并鼓励孩子模仿妈妈擦桌子。

宝宝擦得真干净，真棒！

③ 妈妈拿着扫帚扫地或拿着吸尘器吸地，如果孩子过来抢，那妈妈就放手让孩子去做；如果孩子只是站在一旁观察，那妈妈可以鼓励孩子上前动手试试。

④ 打开准备好的收纳箱，引导孩子将散乱的玩具归入收纳箱中。

温 馨 提 示

① 不要因为孩子帮倒忙而不让孩子帮忙做家务。

② 当孩子成功模仿妈妈完成一件家务时，妈妈要及时给予孩子鼓励，以增强孩子的信心，提升孩子做家务的积极性。

游 戏 观 察

① 观察孩子在擦桌子、扫地或吸地、收纳玩具时的动作与妈妈操作时的异同。

② 妈妈不要协助孩子，观察孩子能否独立完成一件家务。

③ 当孩子完成一件家务时，观察孩子的情绪状态。

\\ 蒙氏早教指南 //

蒙台梭利在《童年的秘密》一书中指出："儿童的运动不是单纯偶然的或随机冲动的结果，在儿童能够按照他所看到的成人那样，以一种清晰的合乎逻辑的方式运行之前，他已经为自己的目的而行动了。"

1岁半~2岁的孩子拥有极强的好奇心，不管妈妈做什么，他们都很感兴趣，而且还会通过观察去模仿妈妈。因此，妈妈要多给孩子一些时间和耐心，让孩子帮自己做家务，哪怕是帮倒忙，也应该给孩子尝试的机会，要细心地对孩子进行引导和培养，以锻炼孩子的观察能力、模仿能力，增强孩子的动手能力，提升孩子的自我意识。

一起摇摆吧

游戏目标

① 培养孩子的乐感，引导孩子更好地控制身体的节奏。

② 通过音乐让孩子感受声音的高低、节奏的快慢，刺激孩子的语言系统。

③ 培养孩子的想象力。

④ 锻炼孩子的运动机能，促进孩子的肢体协调能力。

游戏详解

① 准备一些轻快的、节奏感强的音乐。

② 在客厅或户外宽阔处打开音乐，爸爸妈妈跟着歌曲节奏手舞足蹈地摇摆，并鼓励孩子加入。

跳起来！

③ 爸爸妈妈跟着音乐节奏随意变换肢体动作，可以适当增加一些难度较高的动作，比如转圈、跳跃、摇摆等。

─── 温 馨 提 示 ───

① 注意孩子的安全，不要选择在家具多的地方开展游戏，以免孩子身体失控摔倒后磕在家具上而受伤。

② 不要连续做高难度的动作，以免孩子在模仿时受伤。

游 戏 观 察

① 在音乐打开时，观察孩子能否自觉跟着音乐摆动身体。

② 观察孩子的肢体动作是自创的还是模仿父母的。

③ 观察孩子是否会跟着音乐哼唱。

④ 观察孩子摆动身体时能否合上节拍。

╲╲蒙氏早教指南╱╱

蒙台梭利指出："在能够自由使用自身感觉器官以后，儿童经常自得其乐地活在自己的世界里，其敏感能力也随之渐渐变强。"1岁半~2岁的孩子，在听到音乐时，大多都会自觉地跟着节奏拍手、摆动身体，这是孩子表达自我情感的一种方式。在这个过程中，孩子的运动机能、肢体协调能力、对身体节奏的控制能力等都可以得到锻炼，音乐的歌词、节奏不仅可以刺激孩子的语言表达欲望，还有利于培养孩子的乐感和想象力。

模仿青蛙跳

游戏目标

①提升孩子的跳跃能力，促进孩子的下肢肌肉、关节、韧带的发展。

② 提升孩子的反应力、弹跳力、身体灵敏度和协调性。

③ 训练孩子的模仿能力。

④ 提高孩子的运动机能，增强孩子的平衡能力。

游戏详解

① 准备若干个呼啦圈。

② 取两个呼啦圈放在铺有地垫的地板上作为池塘，爸爸和孩子分别站在两个呼啦圈的外面，妈妈在旁边时刻准备发布指令。

③爸爸和孩子要根据妈妈的指令学青蛙跳。比如：当妈妈说"呱呱呱，回家啦！"，爸爸和孩子就要学青蛙跳进呼啦圈；妈妈说"呱呱呱，出去玩喽！"，爸爸和孩子就要学青蛙跳出呼啦圈。

④ 将准备好的呼啦圈两两一组并列排成若干排，爸爸和孩子的两只脚分别站在两个呼啦圈里（左脚站左圈，右脚站右圈），当妈妈发布指令时，爸爸和孩子一起跳进第二组呼啦圈里，依次跳进第三组、第四组……

温馨提示

① 放置呼啦圈的地方要远离桌椅家具，以防止孩子不小心撞伤。

② 呼啦圈之间的距离远近要适当。

游戏观察

① 观察孩子能否模仿青蛙跳。

② 观察孩子双腿跳时的平衡性和协调性。

③ 观察孩子的反应快慢。

蒙氏早教指南

蒙台梭利指出："所有幼儿教育必须以促进孩子的长此

以往发展为目的。"跳跃是人体最基本的活动能力之一，虽然1岁半~2岁的孩子已经掌握了走、跑、跳等各项大运动的技能，但双腿的跳跃能力、跳跃落地时的平衡能力还有待加强。"模仿青蛙跳"不仅能训练孩子的模仿能力，还能提高孩子的跳跃能力，增强孩子的运动机能和身体平衡能力，为孩子将来的运动、生活和学习做准备。

传接球

① 培养孩子的规则意识。

② 激发孩子的合作意识。

③ 培养孩子的自我意识。

④ 促进孩子空间知觉力的发展。

⑤ 锻炼孩子的手眼协调能力。

游戏详解

① 准备一个小皮球。

爸爸把球传给妈妈，妈妈把球传给宝宝，宝宝要把球传给爸爸哦！

② 爸爸妈妈和孩子站成一个三角形，彼此之间的距离不超过1米。

③ 爸爸拿着皮球，面朝妈妈的位置，将球传给妈妈，妈妈伸出双手接球，然后妈妈将球传给孩子，孩子再将球传给爸爸，爸爸再传给妈妈，妈妈再传给孩子……如此轮流传接球。

④ 待孩子熟悉游戏之后，可以将固定位置传接球变成来回走动、互相追逐的形式。

温 馨 提 示

① 妈妈在给孩子传球时，不要对着孩子的头部。

② 来回走动、互相追逐传接球时，父母要注意保护孩子的安全。

游 戏 观 察

① 观察孩子是否会按照规则传球。

② 在孩子拿到球时，观察他是独自玩球还是按照规则依次传递。

③ 当爸爸将球传给妈妈时，观察孩子是否会主动面向妈妈，准备接球。

④ 观察孩子正确传接球的概率。

╲╲蒙氏早教指南╱╱

蒙台梭利指出："新式教育理论中的中心思想之一，正是呼吁人们重视培养孩子的社会本领，并且鼓励孩子与同伴相处。"1岁半~2岁孩子的自我意识、空间知觉意识都处于萌芽状态，合作意识、规则意识几乎为零。"传接球"游戏不但可以帮助孩子初步建立自我意识、空间知觉意识、合作意识和规则意识，还能锻炼孩子的手眼协调能力、反应能力和运动机能，全面促进孩子的社会本领发展。因此，父母可以多与孩子开展此类游戏。

跳房子

① 培养孩子的空间知觉意识。

② 锻炼孩子的腿部力量，增强身体的平衡力和协调性。

③ 帮助孩子认识图形、数字和水果，拓宽孩子的认知范围。

游 戏 详 解

① 准备一盒彩色粉笔、一块黑板擦。

② 爸爸妈妈带着孩子到户外一块宽阔的空地上，用准备好的彩色粉笔在空地上画一个田字格，在田字格里面分别画上圆形、正方形、三角形和扇形，然后教孩子认识田字格里的图形。

③ 爸爸妈妈给孩子做示范，妈妈发布指令，比如"正方形"，爸爸根据妈妈的指令跳到正方形的格子中，让孩子也跟着爸爸一起跳。

④ 擦掉田字格中的图形，写上数字，画上水果，教孩子认识这些数字和水果，再根据妈妈的指令来跳。

温 馨 提 示

① 要控制好指令的发布速度，给孩子留出一定的反应时间和跳跃时间。

② 如果孩子的反应能力和平衡能力都较好，父母可以增加游戏的难度，尝试双脚一次性跳两格。

游戏观察

① 观察孩子在玩"跳房子"游戏时是双脚跳还是单脚跳。

② 当妈妈发出指令时，观察孩子的反应快慢及正确性。

╲╲蒙氏早教指南╱╱

　　1岁半~2岁孩子的空间知觉意识、平衡能力、肢体协调性、认知能力等都相对比较薄弱。蒙台梭利指出："儿童对活动的需要几乎比食物的需要更为强烈。"因此，父母可以借助游戏，来培养孩子的各项能力。

　　"跳房子"游戏可以帮助孩子更好地感知并理解"空间"的概念，还可以锻炼孩子的腿部力量，增强孩子的平衡能力和肢体协调能力。同时，父母在田字格中辅之以图形、数字和水果，还能帮助孩子拓宽认知范围。

分拣扑克牌

游戏目标

① 培养孩子的逻辑思维能力。

② 帮助孩子辨识颜色。

③ 让孩子学习分类挑选物品。

④ 锻炼孩子的手眼协调能力、注意力和观察力。

游戏详解

① 准备一副扑克牌、一个黑色盒子和一个红色盒子，将它们一起放在客厅的地垫上。

红色牌放进红盒子里，黑色牌放进黑盒子里。

② 妈妈将准备好的扑克牌打乱，然后从中挑选出一张红色的扑克牌（红桃或方块）放进红色盒子里，一张黑色的扑克牌（黑桃或梅花）放进黑色盒子里。

③ 引导孩子将红色和黑色的扑克牌分别放进红色和黑色的盒子里。

④ 扑克牌放完后，可以视情况增加游戏难度，比如依次将13张方块、红桃、梅花、黑桃挑选出来，放入贴有相关图案的盒子里。

① 游戏过程中，父母至少要留一人在孩子身边看护和指导，避免孩子因不当操作被扑克牌划伤。

② 新扑克牌容易割伤手，太旧的扑克牌不好拿取，所以，父母尽量给孩子准备一副半新半旧的扑克牌。

游戏观察

① 观察孩子能否正确将红色扑克牌放入红色盒子里，黑色扑克牌放入黑色盒子里。

② 观察孩子在游戏时是否专注。

③ 观察孩子挑选扑克牌、放入扑克牌的动作是否流畅。

④ 观察孩子挑选、归类扑克牌的方法，比如孩子是先挑选某种颜色或花色进行归类，还是拿到哪张就归类哪张。

\\ 蒙氏早教指南 //

蒙台梭利指出："孩子天生就能改进他们的行为，而且他们也喜欢这样。心理学家说，孩子必须游戏，因为借着游戏，孩子的发展才能更趋完善。"1岁半~2岁的孩子，逻辑思维能力刚开始发展，注意力、观察力及挑选分类能力都处在不断成长变化中。"分拣扑克牌"游戏简单易操作，可以培养孩子的逻辑思维能力，锻炼孩子的手眼协调能力、注意力和观察力，帮助孩子辨识颜色，提升孩子的挑选分类能力。因此，父母可以多与孩子玩"分拣扑克牌"游戏，让孩子更全面地发展。

第五章

2岁~2岁半亲子早教游戏

> 教育所要求的只有一项：通过孩子的内在力量来达到自我的学习。
>
> ——蒙台梭利

导读 **2岁~2岁半孩子的发展特点**

2岁~2岁半孩子的运动技能、语言与情感表达能力、认知与自理能力、社交能力等，都处在不断发展变化中，详细情况如下。

1.运动技能。 2岁~2岁半孩子的运动技能日渐成熟。其中，大运动方面：走路方式多种多样，可以横着走、倒着走、沿着线走，能够双脚交替上下楼梯，可以跨越低矮障碍，喜欢爬高，会从高处往低处跳，可以双脚跳起。精细动作方面：他们已经可以根据具体物体的特点来调整手的动作了，他们可以握住蜡笔、水彩笔，可以在纸上随意画圆圈、画直线，可以一页一页地翻书，可以麻利轻巧地搭积木……

2.语言与情感表达能力。 2岁~2岁半的孩子会不断地冒出新词，可以说出日常生活中所见到的大多数事物的名称，会在句子中使用介词，可以说形容词。关于情感表达，孩子不仅会用语言来表达情感，还会产生既希望父母在身边又不想受父母限制的矛盾心理，即独立性与依赖性并存。

3.认知与自理能力。 2岁~2岁半的孩子，已经能够分清以自身为中心的上下、前后方位，能够辨识物品的大小、多少、轻重和正反，能够从1连续数到10，能够执行两个步骤的指令，可以按秩序摆放自己的玩具，可以自己脱衣服、脱鞋……整个认知和自理能力都在增强，慢慢变得更加独立了。

4.社交能力。 2岁~2岁半的孩子对社交的需求并不强烈，而且他们还不知道怎么与他人交往。在和其他小朋友一起玩耍时，经常会毫不客气地抢东西，根本不在乎东西的所有者是谁。

彩带飞舞

① 锻炼孩子的上肢运动能力。

② 锻炼孩子掌控手部力量的能力，增强孩子的平衡能力。

③ 培养孩子的创造力和想象力。

游戏详解

① 准备两种颜色的彩带各一根。

② 妈妈和孩子各取一根彩带，高高举着向前跑，让彩带飘起来。

咦……飘起来了，妈妈，它飘起来了！

③ 妈妈将彩带拿在手中绕圈转。

④ 让孩子自由探索彩带的更多玩法。

① 注意安全，别让彩带绊倒孩子。

② 选择平坦安全的地方进行游戏。

游戏观察

① 当长长的彩带缠在一起时，观察孩子会如何处理，是用力甩动彩带，还是将彩带放下后慢慢整理。

② 当彩带飘起来时，观察孩子的语言和表情。

③ 观察孩子能否拿着彩带绕圈转，如果能，观察孩子停下时，身体能否保持稳定。

④ 孩子自由玩彩带时，观察他会怎么玩。

╲╲蒙氏早教指南╱╱

在《有吸收力的心灵》一书中，蒙台梭利指出："运动是精密组织工作的最终外在表现。实际上，人只有通过肢体运动才能表达自己的意愿。"要想让又长又柔软的彩带飞舞起来，光凭借风的力量是难以实现的，还需要人的力量来掌控。父母可以引导孩子舞动彩带，一来可以锻炼孩子的上肢运动能力，增强其身体平衡能力；二来随风舞动长长的彩带，可以激发孩子无穷的想象，而自由探索彩带又可以培养孩子的创造力，促进孩子的智力发展。

顶物行走

游戏目标

① 锻炼孩子的平衡能力。

② 培养孩子的规则意识，提升孩子的自我控制能力。

游戏详解

① 准备两块小毛巾、两个沙包、两本书。

② 妈妈在室外水泥地上画两条平行直线，直线的一端为起点，另一端为终点。终点处，在两条平行直线的中间画一个圆圈，爸爸拿着口哨站在这个圆圈里。

③ 妈妈和孩子站在起点处，每人站一条直线，各自将小毛巾放在头顶上，然后沿着各自所在的直线慢慢地向终点前进，中途谁的毛巾掉了，就在原地从1数到3，再将毛巾放在头顶上继续前进，先走到终点并准确将头顶上的毛巾投进爸爸所在的圆圈中的人获胜。

④ 增加游戏难度，将头顶上的小毛巾换成沙包或书，继续游戏。

温 馨 提 示

① 因为孩子的平衡能力还在发展中，所以直线不宜设置得过长，以免孩子遭遇挫败，选择逃避。

② 准备的毛巾不能太大，沙包不能太重，书不能太厚。

游 戏 观 察

① 观察孩子能否顶物平稳地行走。

② 在比赛中，当孩子头顶上的物体掉下来时，观察他能否遵循游戏规则，站在原地从1数到3。增加游戏难度后，观察孩子能否继续保持身体平衡。

⫽蒙氏早教指南⫽

蒙台梭利注意到孩子喜欢头顶着物品沿着直线行走，并意识到这是孩子在通过自己的运动来提高自身的平衡感。实际上，顶物行走，不仅要求孩子保持自身身体的平衡走动，而且在走动的过程中还要保持头顶物品的平稳，这就对孩子的整体平衡感提出了高要求。以妈妈和孩子比赛的方式来展开游戏，一方面可以给孩子制造紧张感，另一方面可以训练孩子遵守游戏规则的意识，提升孩子的自我控制能力。

两人三足

① 锻炼孩子的身体协调能力。

② 增强孩子的平衡感。

③ 培养孩子的团队合作意识。

游戏详解

① 准备两根绳子、一个口哨。

② 选一个宽敞的空地，妈妈和孩子脚并脚站在一起，爸爸用绳子将妈妈和孩子的脚绑在一起。等爸爸口哨声一响，妈妈和孩子就一起往前走。

③ 增加游戏难度，爸爸妈妈和孩子脚并脚站成一条直线，孩子站在中间，爸爸妈妈分别用绳子将自己的脚和孩子的脚绑在一起，三人一起向前走。

温 馨 提 示

① 父母行走的步伐不要太大，速度也不要太快，以免孩子摔倒。

② 游戏时可以借助"一二一"的口号，帮助孩子找到节奏，从而保持一致的步调。

游 戏 观 察

① 观察孩子能否保持身体平衡不摔跤。

② 观察孩子能否主动配合爸爸妈妈的步伐顺利前行。

蒙氏早教指南

尊重孩子的成长步调是蒙台梭利教育的特点之一。2岁~2岁半的孩子十分地好动，精力很旺盛，喜欢做一些大动作，比如跑和跳。"两人三足"游戏可以很好地锻炼孩子的身体协调能力和平衡能力，而爸爸妈妈的参与，还能培养孩子的团队合作意识。

握笔画圆圈

① 锻炼孩子的握笔能力，为孩子之后的运笔写字奠定基础。

② 锻炼孩子手部动作的灵活性，促进孩子的精细动作发展。

③ 锻炼孩子整个上肢的协调能力，包括肩膀、手肘、手腕和手指。

游戏详解

① 准备一些粗蜡笔、短蜡笔和水彩笔，再准备一些大开本的图画纸。

宝宝也来画一画！

② 将两张图画纸固定在墙上，妈妈先给孩子做示范，用不同颜色的笔在其中一张纸上画各种各样的圆圈，一边画一边鼓励孩子在另一张纸上模仿。

③ 任由孩子自由涂画，妈妈不要过多地干涉。

温馨提示

① 不要让孩子将彩笔放嘴里，以免孩子误食。

② 如果孩子一时无法正确握笔，父母不要着急，更不要大声对孩子说话，要给孩子时间去慢慢探索和掌握。

① 观察孩子能否用指尖来控制笔。

② 观察孩子握笔画线的灵活度。

③ 观察孩子所画的封闭圆圈的大小比例。

④ 观察孩子习惯用哪只手握笔画画。

╲╲蒙氏早教指南╱╱

蒙台梭利指出："生命的发展是自然而然的过程。这种发展不是随意的，而是由小到大，由简单到复杂，充满秩序和规律。"2岁~2岁半孩子的手部动作更加灵活，画画、涂鸦时，不再只会采用拳头握笔的方式胡乱涂画，而是可以用指尖握笔，并且能够在纸上画封闭的圆圈。随着精细动作的不断发展，孩子的手部动作会更加灵活，对笔的控制能力也会越来越强，就越有可能画出精细的线条和曲线。这将会为孩子日后学习运笔写字奠定坚实的基础。

数手指

① 认识数字1~10，让孩子感知数的概念，培养孩子的数感。

② 锻炼孩子的注意力及肢体动作协调能力。

游 戏 详 解

① 妈妈伸出一只手，半握拳，再伸出食指，告诉孩子这是1；再伸出食指和中指，告诉孩子这是2；伸出食指、中指和无名指，告诉孩子这是3；以此类推，数到5后，妈妈再伸出另一只手，双手展开来教孩子数到10。

这是1，1根手指头。

② 妈妈放慢动作，鼓励孩子也伸出手指，一边引导孩子伸出相同的手指，一边告诉孩子这是数字几。

③ 妈妈任意报一个10以内的数，然后立刻伸出相应的手指数，比如，报1就伸出1根手指，报6就伸出6根手指，鼓励孩子也试试。

④ 让孩子来报数，妈妈和孩子一起伸出相应的手指数，比比看谁的动作更快。

温馨提示

①孩子因太小而无法长时间集中注意力学数数，可能会出现父母教了很多遍，孩子依然不会数数的情况，这时，父母不要怀疑孩子的智力。

②任意报10以内的数，再根据所报的数伸出相应的手指数，这对2岁多一点儿的孩子来说，是比较难的，妈妈不必苛刻要求孩子必须要有多快的反应能力。

游戏观察

① 妈妈依次伸出手指数数时，观察孩子能否主动去模仿妈妈的动作和语言。

② 观察孩子能否正确将数与手指的数量匹配。

③ 妈妈任意报一个10以内的数，观察孩子能否迅速伸出相应的手指数。

＼＼蒙氏早教指南 ／／

蒙台梭利认为，孩子生来就具有数学心智，培养数感才是数学启蒙的开始。2岁~2岁半的孩子已经能够区分物品的多和少，但对物品的具体数量是没有概念的，这个年龄段的孩子的数感并不强。"数手指"游戏不只是教孩子数数字，让孩子感知数的概念，还可以培养孩子的数感。另外，游戏将数数与伸手指结合，这对孩子的注意力及手指动作的协调能力也是一种锻炼。

认识数字1~10

① 初步认识数字1~10。

② 让孩子明白数字可以表示物品的数量，增强孩子的数感。

③ 培养孩子的数学逻辑思维。

游戏详解

① 准备以下数量的图片：1张铅笔、2张小黄鸭、3张耳朵、4张红旗、5张秤钩、6张口哨、7张镰刀、8张葫芦、9张勺子、10张筷子和鸡蛋，再准备一套1~10的数字卡片及若干磁钉。

1像铅笔细又长。

② 妈妈用磁钉将数字1的卡片和准备好的铅笔图片固定在白板中央，教孩子认识数字1，指着数字1的卡片对孩子说："1像铅笔细又长。"

③ 接下来依次认识数字2~10。将数字2的卡片和两张小黄鸭的图片固定在白板上，其他图片以此类推。其中，图片与数字卡片的关系为：2像小鸭水上漂、3像耳朵听声音、4像红旗迎风飘、5像秤钩来买菜、6像哨子吹口哨、7像镰刀割青草、8像葫芦藤上挂、9像勺子能盛饭、10像筷子和鸡蛋。

④ 将数字1~10依次固定在白板上，相应的图片固定在相应的数字下面，妈妈任意指一个数字，让孩子说出所指数字是多少。

温 馨 提 示

① 由于此游戏卡片、图片数量较多，所以妈妈固定卡片、图片时，需要花费一定的时间。在这段时间内，孩子的注意力极易分散，容易对游戏失去耐心。因此，妈妈要提前想好对策。

② 像红旗、口哨、葫芦、勺子、筷子和鸡蛋等好收集的物品，妈妈可以选择使用实物，让孩子真正感受到实物数量的多与少，更好地明白数字是可以表示具体物品数量的。

游戏观察

① 观察孩子能否正确认识数字1~10。

② 妈妈任指一个数字，观察孩子能否正确说出妈妈所指的数字。

蒙台梭利指出，实物操作是孩子学习数学最有效的方法。2岁~2岁半的孩子，以具象思维最为突出，而实物操作却可以化抽象为具象，能更好地帮助孩子建立数学思维。因此，在让孩子认识并掌握数字1~10时，父母可以借助具体事物的图片或者实际物品来帮助孩子学习。其中，图片数量的多少或实物数量的多少都可以帮助孩子更好地理解多与少、大与小，可以让孩子更切实地感知到数字能够表示生活中的物品数量。

给动物排队

① 初步建立孩子的序数概念。

② 初步让孩子感知数和序数的区别。

③ 训练孩子从不同方位准确说出某个动物的位置。

游戏详解

① 准备5~10个小动物玩具，比如小猫、小狗、小兔子、小鸭子、小象、小老虎、小恐龙、小老鼠等。

② 妈妈将准备好的动物玩具散放在桌上，和孩子一一确认小动物的名称，然后指导孩子将小动物排成一横排。

从这边开始数，小猫排在第几呀？

③ 妈妈分别从左、右两个不同的方向来引导孩子说出动物的具体位置，先用手指着右边，问孩子："从这边开始数，小猫排在第几呀？"然后再将手指向左边，问孩子："从这边开始数，排在第五的是哪个小动物呢？"

④ 改变小动物的排列方式，再让孩子寻找动物的位置。

① 玩具数量不宜太多，以免孩子觉得难数清，不愿意参与游戏。

② 为了强化孩子的序数概念，妈妈在孩子准确找到小动物时，要鼓励他大声说出小动物的准确位置，而不是单纯地指出或拿起小动物。

游戏观察

① 观察孩子能否正确找到小动物的位置。

② 当孩子正确找到小动物的位置时，观察他说的是"第几"还是"几"，比如是"第四"还是"四"，用以分辨孩子是否混淆了数和序数。

③ 改变小动物的排列方式和提问的方向，观察孩子能否正确说出动物的位置。

╲╲ 蒙氏早教指南 ╱╱

蒙台梭利指出："令幼儿觉得学习数学困难的原因，并不是数学抽象的问题，而是大人提供的方法问题。" 2岁~2岁半的孩子，大多对序数都是没有概念的。"给动物排队"游戏不但可以初步帮助孩子建立序数的概念，还能让孩子感知数与序数的不同。父母从不同的方位，用不同的提问方式询问孩子小动物的位置，可以让孩子学会从不同的方向来确认动物的准确位置，有助于帮助孩子强化序数的概念，能够更好地分辨数与序数。

找不同

① 训练孩子的观察能力。

② 锻炼孩子的视觉分辨能力。

③ 帮助孩子理解"相同"和"不同"的概念。

游戏详解

① 准备三个玩偶，其中两个相同，剩下的一个要与相同的两个玩偶有一定的差异，再准备若干件玩偶的衣服和饰品。

② 选择两个相同的玩偶，给它们穿上不同颜色的衣服，然后让孩子找出两个娃娃之间的不同点。

呀！这两个娃娃是双胞胎呢！妈妈都分不清了，宝宝来帮帮妈妈，看看它们哪里不一样。

③ 选择两个不同的玩偶，给它们穿上相同的衣服，再让孩子找出两者之间的不同之处。

④ 如果孩子很快就能找到两者之间的不同之处，父母可以把不同点设置得更细一些，比如给玩偶的头上戴两朵花瓣大小不一的小红花。

① 不同点的设置不是越多越细越好，要循序渐进。

② 当孩子一时找不到较细微的不同点时，父母不要着急，可以给孩子一些提示，慢慢引导孩子去发现不同点。

游戏观察

① 观察孩子能否快速找出两者之间的不同。

② 观察孩子能否发现比较细微的不同点。

＼蒙氏早教指南／

蒙台梭利指出："教育体系是以感官为基础，以思考为过程，以自由为目的。""找不同"游戏是以视觉感官为基础，以孩子观察思考两个事物之间的异同为过程，以自由分辨两者之间的异同为目的的。2岁~2岁半的孩子，可以迅速发现两个事物之间比较明显的不同之处，却不一定能够观察到细微的区别。因此，对于一些比较细微的不同点，父母可以适当地给孩子一些提示，以引导孩子从更多的角度去观察，从而更好地理解"相同"与"不同"的概念。

小小传话兵

① 丰富孩子的词汇量，锻炼孩子的语言转达能力。

② 训练孩子的瞬间记忆能力。

③ 训练孩子的听力，培养孩子的专注力。

游戏详解

① 准备一些简单的词语和短句子，比如"高楼""矿泉水""厨房""熊爸爸""北京天安门""孩子在吃饭""爸爸去上班了"等等。

② 爸爸妈妈和孩子坐在客厅的地垫上，妈妈给孩子讲解传话员的游戏规则。

爸爸上班去了！

③ 妈妈在孩子的耳边悄悄说一个词语或一个句子，让孩子传给爸爸，然后爸爸大声复述听到的话。如果孩子传对了，就要及时给孩子鼓励。然后爸爸在孩子耳边说一句话，让孩子传给妈妈，妈妈再复述孩子传述的话，如此反复进行。

温馨提示

①游戏过程中，如果孩子传错了或没记住，父母不要立刻否定孩子，以免打击孩子的自尊。

②父母不要故意模仿孩子发错的音，要做好示范和指导作用。

游戏观察

① 观察孩子能否正确传达妈妈或爸爸的话语。

② 观察孩子是否需要多次询问才能记住所要传达的话语。

③ 观察孩子的发音是否正确。

蒙氏早教指南

蒙台梭利语言教育主要围绕听、说、读、写四个方面来展开训练，"小小传话兵"主要训练孩子的听和说。耳语传话时，传话者看不到对方的眼神和动作，只能用耳朵去听，凭听觉和大脑来记住需要传递的话，这对词汇量不多、发音并不完全准确的2岁~2岁半的孩子来说，是一项极具挑战性的游戏。可以说，在把控好难度的前提下，传话游戏可以锻炼孩子的语言转达能力，丰富孩子的词汇量，促进孩子的瞬间记忆能力，培养孩子的专注力，对孩子的成长是极有帮助的。

第六章

2岁半～3岁亲子早教游戏

教育就是激发生命,充实生命,协助孩子们用自己的力量生存下去,并帮助他们发展这种精神。

——蒙台梭利

在孩子2岁半~3岁期间，大多数父母会着重对孩子的社会适应能力、语言表达能力和自我控制能力进行培养和训练，目的是为孩子的入园做好准备。2岁半~3岁孩子的各项能力的发展特点如下。

1.社会适应能力。社会适应能力包括人际交往能力、生活自理能力、团结合作能力、处理问题能力、基础体适能等（体适能指身体对外界环境的适应能力）。2岁半~3岁的孩子已经拥有比较好的自我意识，同时，他们也开始去感知他人的需求和感受，这一点对他们的人际交往、团结合作、处理问题、适应新环境等都是有利的。另外，2岁半~3岁孩子的独立意识和自理能力都在不断地提高，他们不但可以自己完成穿衣服、穿裤子和穿鞋子，还可以帮助父母完成一些家务，独立性和生活自理能力都会有所提高。

2.语言表达能力。2岁半~3岁的孩子已经能够稳定地使用句子，甚至还能将两个句子串联起来。这个时期，孩子特别喜欢问问题，常常把"这是什么？""为什么？"挂在嘴边。虽然在描述事情时常常会颠倒因果顺序，但若父母从旁加以指导，孩子也能够准确、连贯地描述事情。另外，该年龄段的孩子还能模仿歌曲里的歌声，会反复唱熟悉的歌曲。

3.自我控制能力。2岁半~3岁的孩子已经能理解父母的指令和游戏规则了。对指令和规则的理解，可以促使孩子遵守指令和规则，从而锻炼孩子的耐性和意志力，提升孩子的自我控制能力。

自己的事自己做

① 培养孩子的自理能力，减少孩子对父母的依赖。

② 锻炼孩子独立解决问题的能力，提高孩子的独立意识。

③ 提升孩子适应陌生环境的能力。

游戏详解

① 每周设置一天"宝宝独立日"。

② "宝宝独立日"这天，妈妈要放手让孩子自己的事自己做，包括洗脸、洗手、刷牙、喝水、吃饭、收玩具、换衣服、系鞋带、拉拉链、系扣子、整理床铺等。

③ 孩子每完成一件事，妈妈就给孩子打分，之后根据得分情况，适当地给予孩子鼓励。

①"宝宝独立日"不是对孩子不管不顾，而是对孩子不会或不太熟练的事情，父母可以从旁指导。

② 父母一直盯着孩子做家务，这不利于培养孩子的自主意识。

游 戏 观 察

① 观察孩子能否自己做好自己的事情。

② 观察孩子遇到问题时，是自己想办法还是第一时间找家长。

③ 观察孩子在父母在场和不在场时的表现差异。

＼蒙氏早教指南／

蒙台梭利在《发现孩子》一书中指出："我们必须尽可能支持孩子活动的意愿，培养孩子独立的个性，不让孩子养成依赖的习惯。"从小培养孩子"自己的事自己做"的意识，可以帮助孩子树立勤劳、实干、自立、自强的品格，这对培养孩子的自理能力、增强孩子的独立意识以及提升孩子适应陌生环境的能力都是极有帮助的。

看图讲故事

游戏目标

① 学习说普通话，为孩子以后的生活、学习、社交做好准备。

② 锻炼孩子的语言组织能力和表达能力。

③ 培养孩子的想象力和逻辑思维能力。

游 戏 详 解

① 准备一些图画精美、色彩鲜艳、优秀的儿童绘本。

② 翻开绘本，用普通话声情并茂地给孩子讲绘本中的故事；然后把绘本交给孩子，让孩子根据绘本中的图片用普通话来讲故事。

③ 不管孩子讲的故事是否与绘本内容有关，家长都要安静地做孩子的忠实听众。

温 馨 提 示

① 给孩子讲故事时，要用普通话；孩子自己讲故事时，鼓励他用普通话。

② 不要要求孩子重述自己的话语或只是单纯地去阅读绘本上的文字，要鼓励孩子自由发挥想象。

游 戏 观 察

① 观察孩子是否会用普通话来讲故事。

② 观察孩子讲故事时有没有加入自己的思考和想象。

③ 观察孩子能否逻辑清晰地讲述一个完整的故事。

蒙氏早教指南

蒙台梭利认为："动听的故事、优秀的图书具有强烈的感染性和直观性。儿童在文学知识和精彩图片的耳濡目染下，可以充分发挥他们的想象力和逻辑思维，从而增强儿童表达思想、表现世界的能力。"这便是本游戏会选择图画精美、色彩鲜艳、优秀的儿童绘本的根本原因。

另外，2岁半~3岁的孩子，主要是通过模仿来学习语言，父母就是孩子的首要模仿对象。因此，父母要用标准的普通话与孩子沟通，为孩子创建一个标准、规范、自由的普通话语言环境，帮助孩子养成说普通话的好习惯，从而为孩子之后的入园学习、生活、社交做准备。

日历的秘密

① 帮助孩子建立时间的概念，增强孩子的时间意识。

② 让孩子了解日期，认识工作日周一到周五、周末以及节假日。

③ 教孩子认识更多的数字。

游戏详解

① 准备一本日历。

② 陪孩子一同看日历，帮助孩子认识月份、日期、星期和节假日。

③ 妈妈说一个日期，让孩子在日历上找出来，可以先从找月份开始，再逐步增加难度，找找星期、找具体某一天等。

④ 妈妈根据孩子的兴趣，——给孩子讲解日历上的内容。

=== 温 馨 提 示 ===

① 因日历上的内容很多，不必全都给孩子讲解。

② 对于孩子感兴趣的内容，可以在孩子的理解范围内进行延伸，以拓展孩子的知识面。

---

① 观察孩子对日历上的哪些内容感兴趣。

② 观察孩子能否在日历上找出某月、某日。

＼蒙氏早教指南／

虽然蒙台梭利曾认为"幼儿是有着内在的精确的时间表的人"，但是，2岁半~3岁孩子的时间意识都还比较薄弱，对年、月、日、工作日、周末以及节假日的概念也是模糊的。"日历的秘密"可以帮助孩子了解日期，认识年、月、日，区分工作日、节假日和周末，这些都可以帮助孩子初步建立时间观念，可以增强孩子的时间意识。

找朋友

① 锻炼孩子的观察能力。

② 认识26个字母，增强孩子的认知能力。

游戏详解

① 准备两套字母卡片。

② 将两套字母卡片混在一起，毫无秩序地摊在客厅的桌子上，让孩子将两张相同的字母卡片配对。

小字母和好朋友走散了，孤零零地好可怜哦！宝宝来帮小字母找朋友好不好？

③ 对于孩子容易混淆的字母，如B和P，W和M，父母要形象地给孩子指出两个字母之间的差异，以帮助孩子更好地认识和区分字母。比如父母可以告诉孩子"B像妈妈的耳朵，P像爷爷的手杖"。

① 游戏过程中，父母可以在一旁解说，一来可以帮助孩子更快地匹配字母，二来可以帮助孩子认识字母。

② 游戏时，不要强制要求孩子学认字母，以免消减孩子对游戏的乐趣。

③ 不要让孩子自己玩，要陪孩子一起玩。

游 戏 观 察

① 观察孩子能否正确给字母配对。

② 观察孩子混淆了哪些字母，经纠正后能否区分。

③ 观察孩子在给字母配对时，能否正确地朗读相应的字母。

＼蒙氏早教指南／

以儿童为中心，是蒙台梭利的教育理念之一，她将儿童视为独立的个体，反对以成人为本位的教学观念和以教师为中心的填鸭式教学。而游戏，是孩子获取知识和技能的一种途径。在游戏中，孩子的观察能力、认知能力、动手能力、专注力、思维力等都可以得到锻炼和提升。因此，父母与其按自己的教学观念或填鸭式地教给孩子一些知识与技能，不妨多尝试一些游戏教学，让孩子在有趣的游戏中学习和成长。

好玩的多米诺骨牌

游戏目标

① 培养孩子细致、耐心、不怕输的品质。

② 锻炼孩子的意志力和注意力。

③ 锻炼孩子的手部灵活性。

④ 锻炼孩子判断空间距离的能力。

游戏详解

① 准备好多米诺骨牌。

② 妈妈引导孩子按一定的距离排列骨牌，可排成单线或多线，甚至是文字的形状。

哇！宝宝好棒，摆的间隔都差不多呢！

③ 将多米诺骨牌全部摆好后，撞倒第一块或最后一块骨牌，欣赏骨牌倒下的有趣现象。

温 馨 提 示

① 可以先找一段与多米诺骨牌有关的视频给孩子看，让孩子感受一下多米诺骨牌按顺序倒下的有趣现象。

② 不要过多地去干涉孩子的排列方式，包括骨牌之间距离的大小，要给孩子一定的自由。

③ 因骨牌太轻，不好排列，因此玩骨牌游戏时，要多给孩子鼓励。

游戏观察

① 观察孩子能否按一定距离排列骨牌。

② 观察孩子能否专注地排列骨牌。

③ 观察孩子是否有耐心将所准备的骨牌全部排完。

④ 在几次三番地排列失败后，观察孩子是否会气馁。

╲╲ 蒙氏早教指南 ╱╱

骨牌能够连续倒下与骨牌之间的距离有着必然的联系，

而骨牌之间的距离，则是由排列骨牌的人来控制。要想将又小又轻的骨牌按照一定的间距摆放，需要孩子专注、细致、耐心、不怕输以及会判断空间距离，这些品质或能力，都可以在骨牌游戏中得到锻炼和提升。

蒙台梭利曾说过："除非你被孩子邀请，否则永远不要去打扰孩子。为孩子打造一个以他们为中心，让他们可以独自'做自己'的'儿童世界'。"因此，在孩子玩骨牌时，父母不要过多地去指导和干扰。

小小售货员

游戏目标

①让孩子了解并熟悉日常买卖的过程，初步建立孩子的金钱观。

②发展孩子的语言能力。

③培养孩子的社交技能。

④培养孩子的数学思维。

游戏详解

①准备一张小桌子，将孩子的玩具都找出来，再准备一些现金。

玩具大降价啦！走过路过，机会不要错过哦！

② 将所有玩具摆放在小桌子上，孩子扮演售货员，站在小桌子里面，妈妈扮演顾客。妈妈先教孩子一些简单的话术，比如"走一走，看一看，玩具大降价啦""欢迎光临""欢迎再次光临""走过路过，机会不要错过""收您5元，找您2元"等。

③ 顾客妈妈来到桌前，挑了一个玩具，然后问道："老板，这个玩具怎么卖呀？"待孩子报完价后，妈妈假装嫌价格太高，再问："有点儿贵了，可以便宜点儿吗？"

④ 讲定价格之后，妈妈给孩子钱，让孩子尝试计算找零。比如玩具3元，妈妈给孩子一张5元现金，让孩子算算应该找多少零钱。

温 馨 提 示

①在孩子独自扮演售货员之前，妈妈可以带着孩子先扮演售货员，爸爸来扮演顾客，先练习一遍买卖的过程。

②这个年龄段的孩子几乎不具备计算能力，因此，当孩子算不出要找多少零钱时，父母也不要烦恼。

游 戏 观 察

① 观察扮演售货员的孩子是否会大胆地招揽顾客。

② 观察孩子与顾客妈妈交流时所使用的语言和态度。

③ 观察孩子对玩具的标价情况，是胡乱地标，还是认真地标。

④ 观察孩子收到钱时，是否知道自己收到了多少钱，又能否正确找零。

╲╲ 蒙氏早教指南 ╱╱

蒙台梭利说："儿童并非弱者，他们有足够的智慧。"2岁半~3岁孩子的模仿能力和学习能力都比较强，通过扮演生活中的一些角色，孩子可以更好地了解生活，这对孩子语言能力的发展、社交技能的掌握、解决问题的思维的形成等都是十分重要的。

买卖商品是一个买卖双方相互沟通交流的过程，涉及了招揽顾客、商讨价格、金钱交易等多个环节，孩子扮演售货员的角色，不但可以感受和认识买卖的过程，对孩子金钱观念的建立、语言与社交能力的发展、数学思维的形成等，都是有帮助的。

紧急联系电话

① 引导孩子记住并准确区分紧急求助电话的各种用途。

② 让孩子学习自护自救的知识，树立安全防范意识。

③ 锻炼孩子遇到紧急情况时的语言表达能力。

④ 训练孩子的记忆力。

游戏详解

① 准备一台模型电话机和一些玩具车，包括玩具消防车、玩具警车和玩具救护车，再制作四张电话号码的卡片，分别是119、120、110和122。

② 引导孩子认识四张卡片上的电话号码，并借助各类玩具车和模型电话机来帮助孩子了解这些电话号码在紧急情况下可以解决的一些特殊问题。

③ 妈妈拿着玩具救护车，假装身体不适，引导孩子从四张电话卡片中找出120，并用模型电话机拨打120求助；妈妈用两辆玩具小车模仿交通事故，引导孩子找到122，并用模型电话拨打122；妈妈拿着玩具消防车问孩子"发生火灾时，我们应该拨打哪个电话、向谁求助呢"，引导孩子找到号码卡119；妈妈拿着玩具警车，一边模仿警车发出的声音，然后引导孩子认识警车及报警求助电话110。

④ 妈妈口头更改紧急场景，让孩子根据紧急场景拨打相应的紧急电话，然后妈妈做接电话的姿势，引导孩子用语言正确求助。

温 馨 提 示

① 可以让孩子来扮演医生、警察、消防员和交警，以增加孩子对各种职业的认识。

② 有些孩子在拨通电话时，可能会出现语言没有逻辑、抓不住重点的情况，妈妈可以教给孩子一些通用的话术。

① 观察孩子能否正确应对各种紧急情况，即能否准确找出紧急电话，能否正确地求助。

② 观察孩子在求助时的语言组织和表达能力，能否将事发地点、情况准确地表达出来。

＼＼蒙氏早教指南／／

蒙氏科学幼教的最大目的就是协助孩子正常化，一步一步帮助孩子构建完善的人格。有安全防范意识、遇到紧急情况时知道如何求助、记住紧急联系电话等可以在一定程度上提高孩子的生存和发展能力，进而促进孩子自身的发展和完善，这便是"紧急联系电话"游戏的主要目的。

呼啦圈汽车

① 让孩子学会合作与沟通。

② 培养孩子的语言表达能力。

③ 锻炼孩子的协作能力，让孩子学会相互配合。

游戏详解

① 准备一个呼啦圈。

② 找一个宽阔的场地，妈妈和孩子进入呼啦圈中，模拟驾车行驶。

开车去找爸爸啦！宝宝来开车，妈妈来导航！

③ 开始模拟驾车行驶，妈妈来发布指令，如："前方学校，减速慢行。""前方右转弯，注意安全。""直行。""左转弯，进入辅路。""前方道路施工，请绕行。""您已偏离路线，已重新为你规划路线，前方10步掉头。"……孩子根据妈妈的指令驾驶，孩子也可以反过来向妈妈询问，比如"前面路况不明，请妈妈指示"。

④ 交换角色，让妈妈来驾驶，孩子来导航。

① 所选场地要平坦宽阔，要给孩子足够的游戏空间。

② 如果孩子一时没有正确施行指令，妈妈不要吼叫，要多给孩子一些鼓励。

③ 角色互换时，妈妈作为驾驶员，可以多向孩子求助，以激发孩子的语言表达欲望。

游戏观察

① 观察孩子能否按妈妈的指令驾驶汽车。

② 角色互换时，注意观察孩子的导航语言。

③ 对于妈妈的求助，观察孩子能否及时用语言来解决。

＼蒙氏早教指南 ／

蒙台梭利指出："任何教育的改革，必须以人为本，人自己必须成为教育的中心。"2岁半~3岁的孩子，可以稳定地使用句子同他人有效沟通，对他人话语的理解能力也在不断提升。"呼啦圈汽车"游戏为孩子设置了一个沟通情景，可以激发孩子的语言表达欲望，训练孩子与他人的沟通、协作能力，对孩子入园后融入集体生活是很有帮助的。

红灯停，绿灯行

游戏目标

① 让孩子认识交通信号灯，增强孩子对红绿灯的认知。

② 让孩子养成遵守交通秩序的好习惯。

③ 帮助孩子树立出行安全意识。

游戏详解

① 准备红色、黄色、绿色卡纸各一张，胶带一卷，长吸管三根，瑜伽垫一张。

② 先指导孩子将红、黄、绿色卡纸用胶带分别固定在三根长吸管上，作为三种交通信号灯。将准备好的瑜伽垫在客厅铺展开，作为斑马线。

红灯停，绿灯行，见了黄灯等一等！

③ 妈妈拿着做好的交通信号灯站在瑜伽垫的一端，孩子站在另一端，妈妈一面摆弄着手里的信号灯，一面大声对孩子说："红灯停，绿灯行，见了黄灯等一等。"

④ 妈妈任意举一个信号灯，孩子根据信号灯指示决定要不要过斑马线。

⑤ 带孩子到附近的斑马线上走走，巩固他对红绿灯的认知。

① 游戏时注意不要弄伤孩子。

② 游戏时，可以加入一些关于红绿灯的儿歌，用以强化孩子对红绿灯的认知。

游戏观察

① 在家里模仿过斑马线时，观察孩子能否根据妈妈所举信号灯的颜色正确过斑马线。

② 带孩子到附近斑马线上走的时候，观察孩子能否正确按指示灯过马路。

╲╲蒙氏早教指南╱╱

蒙台梭利认为，教育要引导儿童沿着独立的道路前进。认识红绿灯，学习交通安全知识，自觉遵守交通规则是孩子安全出行的必要前提。在家开展"红灯停，绿灯行"的游戏，可以增强孩子对红绿灯的认知，强化孩子安全出行的意识，让孩子变得更加独立。